DANIÈLE FESTY

ÄTHERISCHE ÖLE FÜR EINSTEIGER

Die 6 wichtigsten Öle für Gesundheit, Schönheit und das Zuhause

Bassermann

ISBN 978-3-8094-4522-7

1. Auflage

Die Originalausgabe erschien auf Englisch unter dem Titel *6 Essential Oils You Can't Do Without*

Projektleitung dieser Ausgabe: Martha Sprenger
Umschlaggestaltung: Timo Wenda
Übersetzung: Barbara Rusch, München
Redaktion und Producing: Dr. Alex Klubertanz, Haßfurt
Herstellung: Timo Wenda

Penguin Random House Verlagsgruppe FSC® N001967

Druck und Bindung: Alcione, Lavis
Printed in Italy

6

ÄTHERISCHE ÖLE FÜR EINSTEIGER

INHALT

EINLEITUNG

Duftende ätherische Öle wirken sanft, aber sicher. Lange Zeit waren sie die ausschließliche Domäne von Parfümeurinnen und Parfümeuren und spielten in der Körper- und Gesundheitspflege eine eher unauffällige Statistenrolle. Doch in jüngster Zeit sind sie aus dem Hintergrund in das Rampenlicht gerückt – und machen uns bewusst, wie wir uns sicher und wirksam pflegen können.

In diesem Buch stelle ich Ihnen die Top-Stars unter den ätherischen Ölen vor: Teebaum, Zitrone, Lavendel, Pfefferminze, Rosmarin-Cineol und Damaszener Rose – Substanzen, die mit ihren natürlichen Wirkstoffen unser Leben bereichern. Sie pflegen, verschönern und können unseren Alltag in vieler Hinsicht angenehmer gestalten.

Auf den folgenden Seiten finden Sie 300 Anwendungen dieser ätherischen Öle. Dank ihrer wirkungsstarken Inhaltsstoffe sind sie vielseitig einsetzbar: in Kosmetika, für die Gesundheit oder in der Pflege von Haus und Garten. Als Massageöle können diese Superstars beim Abnehmen helfen, indem sie den Körper anregen, Giftstoffe auszuscheiden und ihn so dabei unterstützen, Fettablagerungen abzubauen (siehe S. 34). Ob Teenager oder über sechzig – in diesem Buch finden Sie ein Kosmetikprogramm aus ätherischen Ölen, das mit Peelings, Masken, Gesichtswässern, Abschminkmitteln und vielem mehr genau auf Ihr Alter zugeschnitten ist.

Mit diesen Ölen lassen sich zudem kleine Schnitt- und Schürfwunden sicher und gut behandeln. Bei Schnitten helfen Lavendel- oder Teebaumöl, zwei Öle mit antiseptischen Eigenschaften (siehe S. 90), Teebaumöl tötet die Eier von Kopfläusen ab (siehe S. 93). Die ätherischen Superstars wirken aber auch lindernd oder heilend bei Schlaflosigkeit, Zahnschmerzen, Schwangerschaftsbeschwerden sowie vielen anderen Leiden und Erkrankungen.

Im Haushalt bieten ätherische Öle eine hervorragende Alternative zu umweltschädlichen chemischen Reinigungsmitteln. Mit selbstgemachten »Miracle«-Produkten können Sie fettige Oberflächen putzen, (Miracle-Fettlöser, siehe S. 100), Vorratsmotten aus Schränken vertreiben (siehe S. 102) und das Fell von Haustieren pflegen, dass es glänzt und frei von Parasiten (siehe S. 123) bleibt.

QUALITÄT IST ENTSCHEIDEND

Bei ätherischen Ölen sollten Sie nicht an der Qualität sparen. Kaufen Sie sie also nicht in Supermärkten. Gute Produkte – und oft auch gute Beratung – finden Sie vor allem in Apotheken oder in Läden, die Natur- und Bioprodukte führen. Achten Sie darauf, dass die Flaschen getönt sind (z. B. braun oder grün), damit die UV-empfindlichen Inhaltsstoffe der Öle erhalten bleiben. Am besten sind Flaschen mit Tropfer oder Pipette, denn Tropfen sind die grundlegende Maßeinheit bei der Verwendung von ätherischen Ölen in der Dufttherapie und bei den Anwendungen in diesem Buch.

UMSICHTIGE ANWENDUNG

Ätherische Öle können auf vielfältige Weise wohltuend eingesetzt werden, sei es in Kräutertees, bei Bädern, Einreibungen, Massagen und Inhalationen, im Saunaaufguss oder Luftbefeuchter. Für jede innerliche oder äußerlichen Anwendung sind die zu verwendenden Mengen exakt vorgegeben und man sollte sie genau einhalten – Schätzen und Improvisieren sind hier fehl am Platz. Ätherische Öle sind duftende kleine Schätze – aber nur, wenn Sie sie sorgfältig und maßvoll verwenden.

GEGENANZEIGEN UND VORSICHTSMASSNAHMEN

- Erhöhen Sie niemals die empfohlenen Mengen.
- Nehmen Sie ätherische Öle nicht pur ein (außer vielleicht in seltenen Fällen einen Tropfen Pfefferminz- oder Zitronenöl). Sie sollten nur nach fachlicher Beratung und genau nach Vorschrift sowie verdünnt in einer Trägersubstanz, wie Olivenöl oder Honig, eingenommen werden.
- Bis auf wenige Ausnahmen (Lavendel- und Teebaumöl auf sehr kleinen Stellen) sollten Sie ätherische Öle nicht pur direkt auf die Haut auftragen. Sie müssen zuerst in einem Trägeröl, wie Mandel-, Macadamia- oder Jojobaöl, verdünnt werden.
- Schwangere sollten besondere Vorsicht walten lassen. Bei Anwendungen auf der Haut sollten sie ätherische Öle nur sparsam und nicht länger als drei oder vier Tage hintereinander verwenden. Sie sollten zudem während der Schwangerschaft keine ätherischen Öle einnehmen, außer – vielleicht – Zitronen- und Ingweröl, die im ersten Monat gegen die morgendliche Übelkeit helfen können.
  ***Schwangere sollten immer zuerst einen qualifizierten Dufttherapeuten konsultieren.**
- Wenn Sie eine empfindliche Haut haben und zu Allergien neigen, testen Sie am besten jedes ätherische Öl, bevor Sie es verwenden. Geben Sie dazu einen Tropfen des Öls in die Armbeuge. Wenn innerhalb einer Stunde keine Reaktion auftritt, können Sie es sicher verwenden.
- Ätherische Zitrusöle machen die Haut lichtempfindlicher. Setzen Sie sich also nicht in die Sonne, wenn Sie Zitronenöl aufgetragen haben, es könnten sich bleibende Flecken auf Ihrer Haut bilden.
- Wenn Sie versehentlich ätherisches Öl in die Augen bekommen, spülen Sie es nicht mit Wasser aus, sondern verwenden Sie ein Trägeröl, das von Ihren Tränen ausgewaschen wird.
- Bewahren Sie ätherische Öle immer außerhalb der Reichweite von Kindern auf.

ACHTUNG

Die Richtlinien für die Einnahme von ätherischen Ölen sind von Land zu Land unterschiedlich. Wir empfehlen Ihnen daher, einen qualifizierten Dufttherapeuten zu konsultieren, bevor Sie mit einem Sternchen gekennzeichnete Mittel einnehmen.

HINWEIS

VERWENDETE BEGRIFFE UND ABKÜRZUNGEN

Ätherisches Öl konzentriertes, flüchtiges Pflanzenöl

Trägeröl das Öl, mit dem ein ätherisches Öl verdünnt wird

Infundiertes Öl ein mit wirksamem Pflanzenmaterial, wie Arnika, Calendula oder Johanniskraut (Hypericum), infundiertes Trägeröl, auch als mazeriertes Öl bezeichnet

1 TL (Teelöffel) = 5 ml

1 EL (Esslöffel) = 15 ml

1 l = 1 Liter

Ätherische Öle werden in der Regel in zwei Arten von Fläschchen mit Tropfern oder Pipetten verkauft. Bei Tropfern oder Pipetten in Normalgröße ergeben etwa 20 Tropfen 1 ml Öl, bei feinen oder dünnen entsprechen etwa 40 Tropfen 1 ml Öl. Achten Sie also unbedingt auf die Größe des Tropfers oder der Pipette an den Fläschchen.

TEIL 1

SECHS UNENTBEHRLICHE ÄTHERISCHE ÖLE

Bühne frei für die die sechs Stars unter den ätherischen Ölen! Den Anfang macht das Teebaumöl mit seinen herausragenden Heilkräften. Ihm folgt das Zitronenöl, dessen reinigende Kraft in Kosmetik, Wellness und Haushalt zum Einsatz kommt. Anschließend sind das Lavendelöl mit seinem bezaubernden Duft und das Pfefferminzöl als Erste-Hilfe-Star an der Reihe. Rosmarin-Cineol-Öl hilft bei Atemwegserkrankungen und bei der Hautpflege, Damaszener-Rosenöl wirkt verschönernd und beruhigend.

TEEBAUM

DAS UNIVERSELLE HAUSMITTEL

Der Teebaum hat, trotz seines Namens, nichts mit Tee zu tun. Er ist in Australien beheimatet, wo er traditionell als starkes antimikrobielles Mittel zur Bekämpfung von Infektionen verwendet wird. Dank seiner schützenden und heilenden Wirkung gehört Teebaumöl zu unseren Top-Stars. Jeder Tropfen wirkt stark antiseptisch, deshalb sollte es in keinem Erste-Hilfe-Set fehlen.

Ob eine Schnittwunde, die nicht heilen will, eine hartnäckige Nasennebenhöhlenentzündung oder eine ganz normale Infektion – mit Teebaumöl können sehr viele Leiden behandelt werden. Teebaumöl hilft bei Bisswunden, Verbrennungen, Pilzinfektionen, Akne und verschiedensten Hautproblemen. Auch im Badezimmer kommt es zum Einsatz, nicht nur wegen seines frischen Kampferdufts, sondern auch wegen seiner beruhigenden, entschlackenden und reinigenden Wirkung auf die Haut: Beim Baden, Duschen und Waschen sorgt es für frischen Duft und antibakterielle Wirkung, im Haushalt sorgt es in Kombination mit natürlicher Seife für frisch duftende Kleidung und Bettwäsche. Sie können sogar das Spielzeug Ihrer Haustiere damit reinigen. Als Spray oder im Diffusor entfaltet es seine reinigende Wirkung im ganzen Haus und tötet auch Pflanzenschädlinge. Die desinfizierende und antiseptische Kraft dieses ätherischen Öls kommt allen zugute.

STECKBRIEF

Botanischer Name *Melaleuca alternifolia*

Familie *Myrtaceae*

Ursprung Australien, Südafrika

Verwendeter Pflanzenteil Blätter

Duft kampferartig, frisch

Geschmack herb, leicht bitter und würzig

Biochemische Hauptinhaltsstoffe
Monoterpenalkohol: Terpinen-4-ol, Monoterpene

WIRKUNG

- *Immunstärkend*
- *Lindert Lymph- und Venenstau*
- *Antiviral*
- *Antiparasitär und antimykotisch*
- *Stark antibakteriell*

ANWENDUNGEN

SCHÖNHEITSPFLEGE

- Klärt und reinigt die Haut

KÖRPER UND GEIST

- Bekämpft Infektionen der Atemwege wie Grippe, Fieber, Erkältung, Schnupfen, Bronchitis oder Sinusitis und stärkt das Immunsystem
- Wirkt schleimlösend
- Antiseptische Wirkung beugt Wundinfektionen vor
- Lindert den Schmerz von Insektenstichen, Verbrennungen und Sonnenbrand
- Ist wirksam gegen Pilzinfektionen der Haut, des Verdauungstrakts und der Scheide
- Wirkt gegen Blasenentzündungen

HAUSHALT

- Reinigt die Atemluft
- Tötet Keime auf Bettwäsche und Bettzeug

ACHTUNG Teebaumöl ist gut verträglich und kann verdünnt direkt auf die Haut aufgetragen, in der Luft zerstäubt und in einer geeigneten Lösung auch eingenommen werden*.

ZITRONE

DIE KRAFTVOLLE REINIGERIN

Zitronenöl lässt sich leicht in wohltuende Schönheitscremes einarbeiten, wo es seine magische Wirkung entfalten, die Haut straffen und Wassereinlagerungen bekämpfen kann. Es wirkt in der Tiefe, stärkt die Blutgefäßwände und macht sie flexibler – und es hilft auch gegen Rosazea (rote, überempfindliche Haut). Seine antiseptischen und luftreinigenden Eigenschaften sind vor allem im Winter bei der Abwehr von Atemwegsinfektionen nützlich.

Zitronenöl wirkt wahre Wunder bei einem belasteten Immunsystem und bei Menschen mit extrem kälteempfindlichen Füßen und Händen. Schon ein kurzer Blick auf seine vielfältigen Anwendungsmöglichkeiten verdeutlicht, warum es so beliebt ist: Es hilft gegen Akne, fettige Haut und fettige Haare, verleiht stumpfem Teint ein frisches Aussehen, hilft, Falten zu glätten, stärkt und bleicht die Nägel, beseitigt Fett … Zitronenöl wird auch im Haushalt sehr geschätzt. Seine ultrastarken fettlösenden, bleichenden und entkalkenden Eigenschaften stehen denen kommerzieller Reinigungsmittel in nichts nach – ohne jedoch die Umwelt zu schädigen. Zitronenöl ist hart im Kampf gegen Mikroben und Bakterien, unerbittlich bei der Abwehr von Milben und Ameisen und kann im Haushalt überall verwendet werden.

STECKBRIEF

Botanischer Name *Citrus limon, Citrus limonum*

Familie *Rutaceae*

Ursprung Mittelmeerraum

Verwendeter Pflanzenteil Schale

Duft frisch, lebhaft, süß, mild

Geschmack sauer und leicht bitter

Biochemische Hauptinhaltsstoffe
Monoterpen: Limonen

WIRKUNG

- *Immunstärkend*
- *Allgemein antimikrobiell*
- *Verdauungsfördernd*
- *Beruhigt das Nervensystem*

ANWENDUNGEN

SCHÖNHEITSPFLEGE

- Hilft überschüssiges Fett abzubauen und Cellulite vorzubeugen
- Bekämpft Rosazea
- Bekämpft Akne und fettige Haut
- Macht einen frischen Teint und glättet Fältchen
- Ist besonders nützlich bei der Hand- und Nagelpflege

KÖRPER UND GEIST

- Reinigt die Leber und das Verdauungssystem
- Hilft gegen Infektionen der Atemwege wie Erkältungen, Grippe, Nebenhöhlenentzündungen oder Bronchitis und verkürzt deren Dauer
- Lindert morgendliche Übelkeit
- Stärkt den Kreislauf
- Hilft gegen allgemeine Erschöpfung und Konzentrationsschwäche

HAUSHALT

- Wirkt antiseptisch und reinigt die Luft
- Vertreibt Milben und Ameisen

ACHTUNG Ätherische Öle aus Zitrusfrüchten (manchmal auch als »Essenzen« bezeichnet, da sie durch Kaltpressen der Schale und nicht durch Destillation gewonnen werden) sind stark phototoxisch. Das bedeutet, dass sie die Lichtempfindlichkeit der Haut erhöhen, was zu unschöner Pigmentierung führen kann. Ob Zitrone, Mandarine, Grapefruit, Orange oder Bergamotte – verwenden Sie zwölf Stunden vor einem Sonnenbad keine ätherischen Öle aus Zitrusfrüchten. Da sie reich an Terpenen sind, können sie zu erhöhter Sonnenbrandneigung führen, wenn sie nicht ausreichend verdünnt sind.

LAVENDEL

DAS EDELSTE ÄTHERISCHE ÖL

Schon sein Name erinnert an die violetten Felder, die sich in Frankreichs Provence zwischen Drôme, Ventoux, Luberon und der Verdonschlucht erstrecken. Zum Gesang der Zikaden verströmt hier der Lavendel seinen berühmten Duft, der große Parfümeurinnen und Parfümeure zum Schwärmen bringt. Mittlerweile wird er auch von der Industrie in großem Umfang genutzt – vielleicht sogar überstrapaziert –, allerdings oft in synthetischer Form, die weder der Gesundheit zuträglich ist noch dem Original nahekommt.

Echtes ätherisches Lavendelöl ist etwas ganz Besonderes – fast ein Allheilmittel, hilft es doch bei so vielen verschiedenen Beschwerden. Von Kopf bis Fuß heilt und verwöhnt es, tötet Keime ab, entspannt, tonisiert und reinigt. Darüber hinaus kann es im Gegensatz zu anderen ätherischen Ölen direkt und pur, ohne Trägeröl auf die Haut aufgetragen werden. Selbst für Haustiere ist es (in verschiedenen Formen) sicher anzuwenden. Und nicht zuletzt findet dieses wunderbare ätherische Öl auch im Haushalt Verwendung. Dank seiner antibakteriellen Wirkung ist es ein Wundermittel für Bad und Toilette, und mit Essig vermischt ergibt es einen herrlich duftenden Weichspüler.

STECKBRIEF

Botanischer Name *Lavandula angustifolia, Lavandula officinalis, Lavandula vera*

Familie *Lamiaceae*

Ursprung Südfrankreich

Verwendeter Pflanzenteil Blütenähren

Duft frisch, blumig, mit einem süßen Hauch von Kampfer, leicht minzig

Geschmack würzig, scharf und leicht bitter

Biochemische Hauptinhaltsstoffe
Monoterpenalkohol: Linalool
Ester: Linalylacetat

WIRKUNG

- *Stärkt das Nervensystem*
- *Krampflösend, entspannend*
- *Besänftigend, beruhigend, antidepressiv*
- *Antiseptisch und wundheilend*

ANWENDUNGEN

SCHÖNHEITSPFLEGE

- Lindert Hautreizungen und trockene, juckende Kopfhaut
- Strafft die Haut und macht sie geschmeidig
- Hilft gegen Akne
- Ist für alle Hauttypen geeignet – stellt das Gleichgewicht der Haut wieder her
- Ist besonders gut für die Behandlung empfindlicher Haut geeignet

KÖRPER UND GEIST

- Wirkt entzündungshemmend, schmerzlindernd und hilft bei Beschwerden wie Migräne, Zahn- und Magenschmerzen
- Hat antimikrobielle und wundheilende Eigenschaften, dient zur Behandlung von Wunden und Leiden wie Hautgeschwüre, Verbrennungen, gereizte Haut, Juckreiz und infektiöse oder allergische Dermatitis
- Entspannt die Muskeln und hilft so bei Krämpfen oder Kontrakturen
- Lindert den stechenden Schmerz und die Hautreizung bei Insektenstichen und Bissen

HAUSHALT

- Sein lieblicher, »sauberer« Duft hält Wäsche, Schränke, Staubsauger, Schuhe und alle Räume frisch
- Sie können damit auch Briefpapier parfümieren. Wie alle ätherischen Öle ist Lavendelöl nicht fettend und hinterlässt keine Flecken. Geben Sie einfach ein paar Tropfen auf ein Stück Stoff oder Papier. Am nächsten Tag sind keine Spuren mehr zu sehen.

ACHTUNG Der sanfte, ungiftige Lavendel ist ein Freund der ganzen Familie. Kleine Kinder und sogar Säuglinge vertragen ihn ausgezeichnet. Lavendelöl kann direkt auf die Haut aufgetragen, als Spray verwendet oder eingenommen werden*. Vergessen Sie jedoch nicht den Armbeugentest (siehe S. 8), manche Menschen reagieren allergisch auf das ätherische Öl.

PFEFFERMINZE

DAS SCHMERZMITTEL

Migräne, Menstruationsbeschwerden sowie Beulen und sonstige Verletzungen – Pfefferminzöl ist das beste duftende Schmerzmittel. Der Erste-Hilfe-Star kommt bei der schmerzlindernden Erstbehandlung bei Stößen und Prellungen zum Einsatz und hilft auch bei Verdauungsproblemen.

Ob Lebensmittelvergiftung, Übelkeit, Schwindel oder Leberstauung – Pfefferminzöl hilft bei der Behandlung verschiedenster Krankheiten, das Verdauungssystem zu reinigen. Zudem sorgt es für einen frischen Atem. Wie Zitronenöl verfügt es über ein weiteres Talent, das in Zeiten von Junkfood und allen möglichen Umweltverschmutzungen hochgeschätzt ist: Es entgiftet den Körper. Auch in der Körperpflege ist Pfefferminzöl vielseitig verwendbar, sei es in einem »Aufwecker«-Duschgel, als kalte, erfrischende und belebende Einreibung oder als Massageöl, um müde Füße zu beleben. Wie alle ätherischen Öle besitzt Pfefferminzöl antibakterielle Eigenschaften, die es zum wirksamen Mittel gegen winterliche Atemwegserkrankungen, aber auch zu einem erfrischenden Deodorant machen. Im Raum zerstäubt, reinigt es außerdem die Luft.

STECKBRIEF

Botanischer Name *Mentha piperita*

Familie *Lamiaceae*

Ursprung Frankreich, Indien, Vereinigte Staaten

Verwendeter Pflanzenteil Blätter und Blüten

Duft frisch, minzig, kühl, scharf und kräftig

Geschmack pfeffrig, adstringierend, scharf und leicht bitter

Biochemische Hauptinhaltsstoffe
Monoterpenalkohol: Menthol
Monoterpen: Menthon

WIRKUNG

- *Herzstärkend und verdauungsfördernd*
- *Anästhetisches und schmerzstillendes Stimulans*
- *Lindert Leberstauung*
- *Erfrischend*

ANWENDUNGEN

SCHÖNHEITSPFLEGE

- Verleiht kosmetischen Behandlungen eine angenehme, kühlende Note
- Bekämpft übermäßige Transpiration

KÖRPER UND GEIST

- Hat eine stark anästhetisierende Wirkung und lindert Regel-, Migräne- und Verletzungsschmerzen
- Hilft bei Verdauungsstörungen und hält den Atem frisch
- Besitzt antimikrobielle und antibakterielle Eigenschaften
- Beugt Übelkeit und Reisekrankheit vor
- Lindert Kopfschmerzen und beruhigt bei Stress

HAUSHALT

- Vertreibt Mücken, Fliegen und Milben

ACHTUNG Pfefferminzöl darf nicht pur auf einer großen Hautfläche verwendet werden, da es aufgrund seiner stark kühlenden Wirkung zu Unterkühlung führen kann. Für eine großflächige Anwendung muss es vor der Anwendung mit anderen ätherischen Ölen und einer geeigneten Menge eines Trägeröls verdünnt werden.

Frauen sollten es während der Schwangerschaft und in der Stillzeit auf keinen Fall verwenden. Pfefferminzöl ist giftig für Säuglinge und Kleinkinder. Es sollte Kindern unter sieben Jahren nicht verabreicht werden, insbesondere nicht oral.

Menschen in homöopathischer Therapie sollten mindestens zwei Stunden nach einer Behandlung warten, bevor sie Pfefferminzöl anwenden. Oral eingenommen, kann es die homöopathische Wirkung abschwächen.

ROSMARIN-CINEOL

DER HNO-EXPERTE

Feinschmecker kennen Rosmarin aus der Küche. Dort verleiht er in Kräuterbouquets zusammen mit Thymian, Lorbeer, Bohnenkraut und anderen regionalen Kräutern Aufläufen, Eintöpfen, Ragouts und vielen anderen Gerichten einen unverwechselbaren Geschmack.

Im medizinischen Bereich wird Rosmarin als HNO-Spezialmittel erfolgreich bei Hals-, Nasen- und Ohrenschmerzen, Schnupfen, Grippe, Erkältungen oder Reizhusten eingesetzt. Auch in der Schönheitspflege kommt Rosmarinöl zum Einsatz, sei es beim Waschen und Pflegen der Haare oder um mithilfe seiner anregenden, straffenden und heilenden Eigenschaften ältere oder müde Haut zu beleben und junge Problemhaut zu behandeln. Seine adstringierende Kraft und seine Fähigkeit, Ausstrahlung und Elastizität wiederherzustellen, werten viele Kosmetika auf. Im Garten schützen Rosmarin und sein ätherisches Öl Pflanzen und Blumen vor Blattläusen.

STECKBRIEF

Botanischer Name *Rosmarinus officinalis*

Familie *Lamiaceae*

Ursprung Korsika

Verwendeter Pflanzenteil blühende Zweige

Duft frisch, krautig, kampferartig, mit einem Hauch von Kiefer und kräftigen holzigen Noten

Geschmack scharf, bittersüß und leicht adstringierend

Biochemische Hauptinhaltsstoffe
Monoterpenoxid: 1,8-Cineol
Monoterpen: alpha-Pinen
Monoterpenalkohol: Borneol

WIRKUNG

- *Stark antibakteriell*
- *Schleimlösend*
- *Antifungal*
- *Revitalisiert Haut und Haare*

ANWENDUNGEN

SCHÖNHEITSPFLEGE

- Tonisiert die Kopfhaut und fördert das Haarwachstum
- Wirkt stimulierend und straffend auf reife Haut
- Beschleunigt die Heilung
- Besitzt adstringierende Eigenschaften und hilft der Haut, ihre Elastizität wiederzuerlangen

KÖRPER UND GEIST

- Bekämpft alle HNO-Infektionen (Hals, Nase, Ohren)
- Wirkt gegen Blasenentzündungen und Pilzinfektionen
- Hilft gegen chronische Müdigkeit, abnorme körperliche Schwäche oder Energiemangel sowie körperlichen oder psychischen Burnout

HAUSHALT

- Erfrischt und desinfiziert die Raumluft
- Verleiht beim Waschen Kleidung und sonstiger Wäsche seinen Duft
- Schützt Pflanzen vor Blattläusen

ACHTUNG Rosmarinöl ist normalerweise sicher, Schwangere sowie Menschen mit Epilepsie oder Bluthochdruck sollten jedoch vor seiner Anwendung einen qualifizierten Aromatherapeuten konsultieren.

DAMASZENER ROSE

DIE KOSTBARE

Das raffiniert süß und samtig duftende Öl der Damaszener Rose sollte man definitiv nicht für die Hausarbeit verschwenden. Und es ist auch nur gut, dass man damit weder die Wohnung desinfizieren oder Kalk entfernen kann. Schließlich kostet es rund dreißigmal so viel als andere ätherische Öle!

In unsere Auswahl haben wir die Damaszener Rose aufgrund ihres besonderen Talents aufgenommen: Sie kann trockene, empfindliche oder fettige Haut revitalisieren, indem sie die Produktion neuer Zellen anregt. Darüber hinaus wirkt sie gegen Fältchen, lässt den Teint prompt strahlen und verleiht ihm einen rosigen Hauch, so dass die Haut geglättet wirkt. Doch sie wirkt nicht nur verwöhnend und pflegend, sondern kann auch Schlaflosigkeit mildern, Ängste beruhigen, Wut besänftigen und Kummer lindern. Das ätherische Öl der Damaszener Rose hilft, im Gleichgewicht zu bleiben, Stress abzubauen und das allgemeine Wohlbefinden zu steigern. Es fördert die Libido und bekämpft mit seinen aphrodisierenden Wirkstoffen Impotenz und geringen Sexualtrieb. Allgemein unterstützt es zudem das Selbstwertgefühl, schützt vor Depressionen und mangelndem Selbstvertrauen. Dieses ätherische Öl ist vielleicht nicht der beste Haushaltshelfer, aber wenn man es dem Wasser eines Dampfbügeleisens hinzufügt oder im Kinderzimmer zerstäubt, sorgt es mit seinem herrlichen Rosenduft für eine friedliche Atmosphäre.

STECKBRIEF

Botanischer Name *Rosa damascena*

Familie *Rosaceae*

Ursprung Bulgarien, Marokko, Türkei

Verwendeter Pflanzenteil Blütenblätter

Duft dezent und blumig

Geschmack süß, wie Honig

Biochemische Hauptinhaltsstoffe
Monoterpenalkohole: Citronellol, Geraniol, Nerol

WIRKUNG

- *Adstringierend, strafft und belebt die Haut*
- *Beugt Falten vor*
- *Bekämpft Depressionen, Schlaflosigkeit und Angstzustände*
- *Intensiver Duft*

ANWENDUNGEN

SCHÖNHEITSPFLEGE

- Besitzt verjüngende Wirkung, seine regenerierende Kraft regt die Produktion neuer Hautzellen an
- Ist adstringierend und damit ein ausgezeichnetes Tonikum für die Haut und ist für die Behandlung von Rosazea (gerötete, überempfindliche Haut) empfehlenswert
- Kann bei jedem Hauttyp Wunder wirken; ob fettig, trocken oder reif kann es die Haut beruhigen, erneuern, weich machen, revitalisieren und vieles mehr
- Sein intensiver Duft umhüllt die Haut wie ein luxuriöser, zarter Schleier

KÖRPER UND GEIST

- Behandelt psychische Beschwerden, die auf gynäkologische und hormonelle Probleme zurückzuführen sind
- Beugt postnataler Depression vor und hilft Betroffenen, sie zu überwinden
- Bekämpft Ekzeme
- Lindert wirksam Schlaflosigkeit, Angst, Trauer, Wut und andere beunruhigende Gefühle

HAUSHALT

- Einige Tropfen im Wasser eines Dampfbügeleisens verleihen Kleidung und Wäsche einen zarten Duft.
- Zwei Tropfen auf dem Kopfkissen eines Kindes fördern einen ruhigen Schlaf

ACHTUNG Wie bereits erwähnt, müssen ätherische Öle außerhalb der Reichweite von Kindern aufbewahrt werden. Seien Sie besonders vorsichtig mit dem Öl der Damaszener Rose, da Kinder von seinem süßen Duft angezogen werden. (Um Ihnen einen Schock zu ersparen, hier eine ungefähre Preisvorstellung: 5 ml kosten ca. 35 bis 60 Euro – und nicht selten noch mehr. Aber es wird Ihnen monatelang, ja sogar jahrelang, Freude bereiten.)

TEIL 2

ANWENDUNGEN MIT ÄTHERISCHEN ÖLEN

Und nun beginnt der Spaß. Im Kapitel »Schönheitspflege« lernen Sie, wie Sie duftende Massage- und Badeöle, Duschgels, Körperpeelings und nährende Feuchtigkeitscremes mischen und anwenden. Ätherische Öle eignen sich auch zum Sonnenschutz, zur Hand-, Fuß-, Gesichts- und Haarpflege sowie für die maßgeschneiderte Pflege der Haut jeglichen Alters. Ihre heilenden Kräfte werden im Kapitel »Pflege für Körper und Geist« vorgestellt. Hier sind auch die exakten Dosierungen beschrieben: Die müssen genau befolgt werden, um sicherzustellen, dass die Mittel wirksam und sicher sind. Schließlich zeige ich Ihnen auch, wie sich die Kräfte der sechs ätherischen Top-Stars im Haushalt, Garten und für Ihre Haustiere nutzen lassen.

SCHÖNHEITS-PFLEGE

Phthalate, Formaldehyd, Parabene und andere chemische Konservierungsmittel, die in kommerziellen Kosmetika oft verwendet werden, stehen schon länger im Zentrum der Kritik. Zum Glück können Sie selbst Schönheitspflegeprodukte herstellen und sich dabei die entgiftenden, stärkenden und straffenden Eigenschaften natürlicher ätherischer Öle zunutze machen. Ein paar Tropfen ätherisches Öl und ein geeignetes Trägeröl – damit können Sie ganz ohne Konservierungsstoffe eine Vielzahl wunderbarer Kosmetika ganz nach Ihrem Geschmack und Ihren Bedürfnissen kreieren, deren Duft ein echtes Geschenk von Mutter Natur ist.

KÖRPERPFLEGE

MASSAGEN MIT DUFTENDEN ÖLEN

Die Anwendung von ätherischen Ölen auf der Haut ist in der Aromatherapie äußerst beliebt und oft hochwirksam. Ätherische Öle ziehen zwar schnell ein, aber ihre Wirkung baut sich fortschreitend auf und hält lange an. Die Wirkstoffe wirken sowohl auf der Haut als auch auf einer tieferen Ebene, da sie die Hautschichten durchdringen und im ganzen Körper zirkulieren können. Deshalb werden ätherische Öle in der Schönheitspflege und als Therapeutika meist über die Haut angewandt.

Ätherische Öle sind jedoch äußerst potent, und pur angewandt können sie Reizungen verursachen. Deshalb werden sie für Massagen immer mit einem Trägeröl verdünnt: Verwenden Sie hierfür 20 Tropfen ätherisches Öl auf 2 Teelöffel Trägeröl. Dann heißt es, das oder die entsprechenden ätherischen Öle zu wählen, denn je nach gewünschter Wirkung kann man zwei oder mehr Öle mischen und auch eines oder mehrere Trägeröle verwenden.

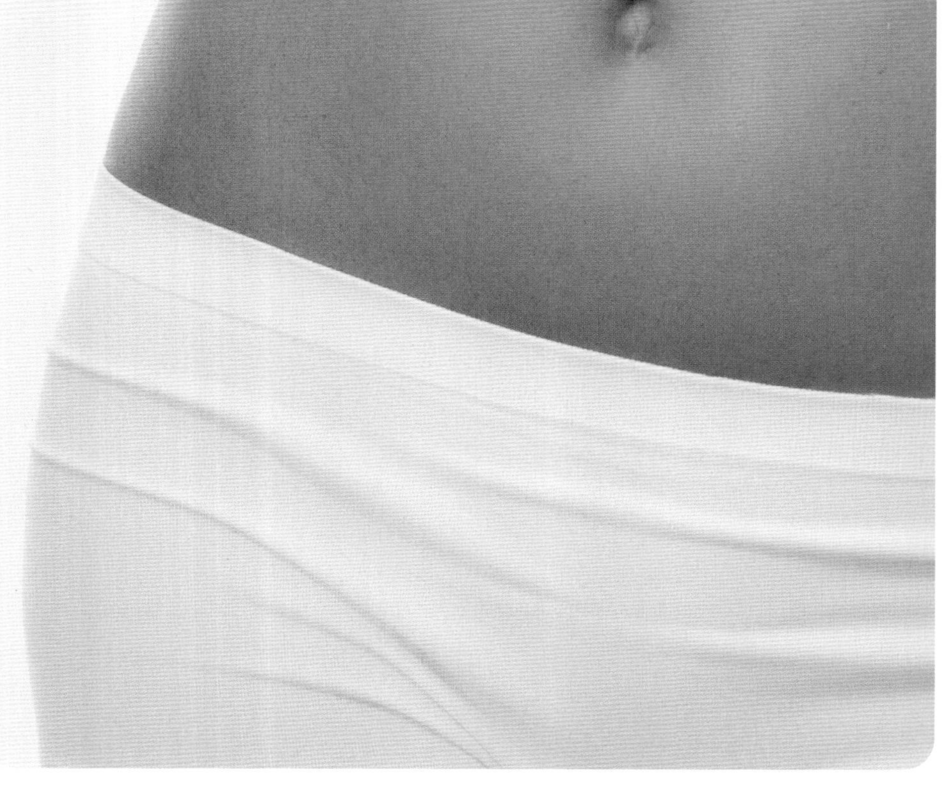

NOTWENDIGE UTENSILIEN

1 Fläschchen ätherisches Öl (nach Bedarf bis zu vier verschiedene Sorten)
1 Flasche Trägeröl
1 sauberes, leeres Fläschchen (10 ml) aus dunkel getöntem Glas

WICHTIGE HINWEISE

- Waschen Sie sich vor und nach jeder – auch noch so kurzen – duftenden Massage immer gründlich die Hände. Vor der Massage natürlich aus hygienischen Gründen, denn es wäre schade, die Mischung aus ätherischem und Trägeröl zu verunreinigen. Warum Sie danach die Hände waschen sollten, ist weniger offensichtlich, aber wichtig für Ihre Sicherheit. Wenn Sie abgelenkt sind und vergessen, dass Sie mit ätherischen Ölen hantiert haben, und sich plötzlich ein juckendes Auge reiben müssen, könnten Sie eine böse Überraschung erleben.
- Machen Sie einen Hauttest. Reagiert Ihre Haut bereits mit einem Ausschlag, wenn Sie nur ein winziges Pflaster aufkleben? Wenn ja, ist es sinnvoll, den auf Seite 8 vorgestellten Armbeugentest mit der von Ihnen gewählten Mischung aus ätherischem und Trägeröl auszuführen, bevor Sie sie großflächig auftragen.
- Verwenden Sie hochwertige Öle für Ihre Zubereitungen. Vergewissern Sie sich, dass Sie 100-prozentig natürliche ätherische Öle sowie kaltgepresste Trägeröle aus Bio-Produktion anwenden.
- Tragen Sie niemals ein ätherisches Öl, das nicht ausreichend verdünnt wurde, an Körperstellen mit Schleimhäuten auf, wie z. B. Nasenlöcher, Mundinnenseite, Vagina oder Anus, es sei denn, ein qualifizierter Aromatherapeut rät dazu.
- Springen Sie nicht direkt nach einer duftenden Massage unter die Dusche. Wickeln Sie sich in einen warmen Bademantel ein und lassen Sie das ätherische Öl mindestens zehn Minuten lang einwirken. Anschließend setzen Sie je nach Tageszeit Ihre Tätigkeiten fort oder schlüpfen ins Bett.
- Eine Massage sollte immer in der Richtung erfolgen, in der das Blut zum Herzen zurückfließt (siehe Abbildung).

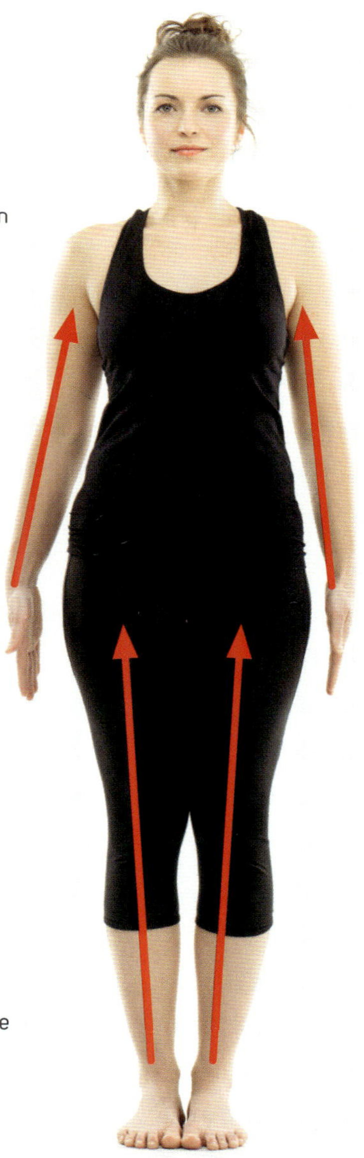

TRÄGERÖLE

Ätherische Öle lassen sich leicht mit verschiedensten Trägerölen verdünnen, ohne dass ihre Eigenschaften sich verlieren. Am besten wählt man Trägeröle, deren Inhaltsstoffe ebenfalls pflegend und gesundheitsfördernd wirken.

MANDELÖL Sorgt für Geschmeidigkeit

Das helle Öl aus süßen Mandeln ist perfekt für trockene, empfindliche Haut und hat einen zarten, leichten Duft. Es eignet sich hervorragend für zarte Haut, z. B. die von Kindern, spendet Feuchtigkeit und Nährstoffe. Es ist auch für gereizte oder für zu Ekzemen neigende Haut sowie Dehnungsstreifen geeignet, da es die Haut beruhigt und festigt.

ARGANÖL Verjüngt von Kopf bis Fuß

Als Rundum-Paket für die Schönheitspflege wirkt das aus Marokko stammende Arganöl gegen Hautalterung, Falten, Haarausfall und vieles mehr – und mit seinen revitalisierenden Eigenschaften gegen Alterungsspuren. Es regeneriert, stimuliert die Produktion von hydrophoben Lipiden im Säureschutzmantel der Haut und stärkt so deren natürliche Barrierefunktion. Bevor Sie es zum Massieren verwenden, sollten Sie daran schnuppern, denn nicht jeder mag seinen Duft.

TAMANUÖL Fördert die Durchblutung und den Lymphfluss

Tamanuöl wird aus den Fruchtkernen des südostasiatischen Tamanu-Baums *(Calophyllum inophyllum)* gewonnen und deshalb auch als Calophyllumöl bezeichnet. Es hilft bei Krampfadern, Hämorrhoidenbeschwerden, Rosazea und allen anderen Durchblutungsstörungen. Tamanuöl eignet sich gut für Massagen von geschwollenen, schmerzenden Beinen. Es wirkt entwässernd und fördert den Blut- und Lymphfluss. Dank seiner antimikrobiellen Eigenschaften kann es auch bei geschädigter Haut Wunder wirken. Tamanuöl duftet nach Nüssen und Curry – und wird bei Temperaturen unter 25° Celsius fest, was seine Qualität jedoch nicht beeinträchtigt. Stellen Sie das Fläschchen einfach in warmes Wasser, um das Öl wieder zu verflüssigen, und erwärmen Sie es vor der Anwendung, damit es besser einzieht.

MACADAMIAÖL Perfekt für Massagen

Macadamiaöl besitzt einen sanften Duft mit einer nussigen Note. Beim Armbeugentest sehen Sie, wie schnell es in die Haut einzieht – großartig, denn wer möchte schon nach der Massage einen Ölfilm auf der Haut haben? Nach Behandlungen mit Macadamiaöl sind daher auch Flecken auf der Kleidung kein Thema. Als Spezialist für die Lymphzirkulation hilft es bei Wassereinlagerungen und Cellulite. Es wirkt bei müden, schmerzenden Beinen, sichtbaren kleinen Blutgefäßen, Dehnungsstreifen oder Narben, indem es die Durchblutung fördert und die Haut entspannt und pflegt. Ein weiteres Talent des Macadamiaöls erfreut alle, die die Sonne lieben: Es bietet leichten Schutz gegen UV-Strahlen und sollte deshalb in keiner Kosmetikausstattung fehlen.

NACHTKERZEN- UND BORRETSCHÖL Anti-Aging-Duo

Das wirkungsvolle Duo ist Frauen mit reiferer Haut gut bekannt. Beide Öle revitalisieren den Teint, machen die Haut straffer und strahlender – und sie bieten einen großartigen Anti-Aging-Effekt, indem sie das hormonelle Gleichgewicht und die Zellerneuerung unterstützen. Sowohl Nachtkerzen- als auch Borretschöl ist empfindlich und sollte gut geschützt vor Sonnenlicht gelagert werden, damit es nicht verdirbt.

WILDROSENÖL AUS CHILE Faltenglättend, heilend, regenerierend

Omega 3, Omega 6, Antioxidantien – diese Bestandteile des Wildrosenöls *(Rosa moschata)* verweisen eindeutig auf seine Anti-Aging-Wirkung. Seine Hauptaufgabe ist die starke Anti-Falten-Wirkung. Es glättet ältere Falten und lässt jüngere Fältchen vollständig verschwinden. In Verbindung mit Rosenöl bildet es eine besonders nährstoffreiche und regenerierende Nachtcreme und in Massageölen ist es Balsam für die Haut. Wildrosenöl wirkt gegen Akne-, Brand- und Operationsnarben, aber auch Dehnungsstreifen, Sonnen- und Altersflecken. Es belebt müde Haut, macht sie weich und mildert Unreinheiten.

SESAMÖL Wunderbar für Massagen

Sesamöl zieht schnell in die Haut ein und bildet einen seidigen Film, der keine Flecken hinterlässt. Es besitzt einen charakteristischen, sanften, angenehmen Duft nach gerösteten Samen. Es wirkt revitalisierend, beruhigt gereizte Haut und macht geschädigte Haut geschmeidig und polstert sie auf.

DREI FANTASTISCHE SELBSTMASSAGEN

Wer sich mit Selbstmassagen verwöhnt, findet Entspannung, Wohlbefinden, Erholung – und baut vor allem den Stress des hektischen Alltags ab. Wenn die dabei verwendeten ätherischen Öle von der Haut aufgenommen werden, setzen sie ihre Moleküle frei und verstärken so die Wirkung. Besonders wohltuend sind Fuß-, Hand- und Gesichtsmassagen.

ANWENDUNG

Etwa 20 Tropfen ätherisches Öl auf 2 Teelöffel Trägeröl – so lautet die Faustregel für Massagemischungen. Sie bestehen üblicherweise aus einem oder mehreren Träger- und ätherischen Ölen.

Wenn Sie eine cremigere, weniger flüssige Konsistenz bevorzugen, bereiten Sie einen Massagebalsam zu. Geben Sie dazu etwas Sheabutter in eine Schüssel, stellen Sie sie in einen Topf, der etwa 4 cm hoch mit kochendem Wasser gefüllt ist, und schmelzen Sie sie unter ständigem Rühren zu einer glatten Masse. Nehmen Sie sie dann vom Herd und rühren Sie das oder die ätherischen Öle so lange ein, bis ein homogener Balsam entstanden ist. Die **Wasserbadmethode** können Sie auch für das Herstellen von duftenden Seifen verwenden.

STRAFFENDE GESICHTSMASSAGE

Mischen Sie 1 TL **Wildrosenöl** mit 5 Tropfen **Lavendelöl**, 3 Tropfen **Damaszener-Rosenöl** und 2 Tropfen **Zitronenöl**.

- Geben Sie ein wenig von der Mischung in die Hand und verteilen Sie sie auf Gesicht und Hals, sparen Sie dabei jedoch die Augenpartie aus.
- Legen Sie beide Hände an das Kinn und massieren Sie die Haut mit flachen Händen leicht und langsam nach oben in Richtung Wangen.
- Legen Sie dann Ihre Hände in die Mitte der Stirn und massieren Sie sie bis zu den Schläfen.
- Streichen Sie mit den Daumen entlang der Augenbrauen von der Mitte zum Rand des Gesichts.
- Klopfen Sie dann sanft die Wangen, an der Nase beginnend bis zu den Ohren. Anschließend drücken Sie die Haut zwischen Daumen und Zeigefinger leicht zusammen und massieren entlang des Kieferknochens von den Ohren bis zur Kinnmitte.
- Führen Sie diese Massage nur abends aus, da das Zitronenöl die Lichtempfindlichkeit der Haut erhöhen kann.

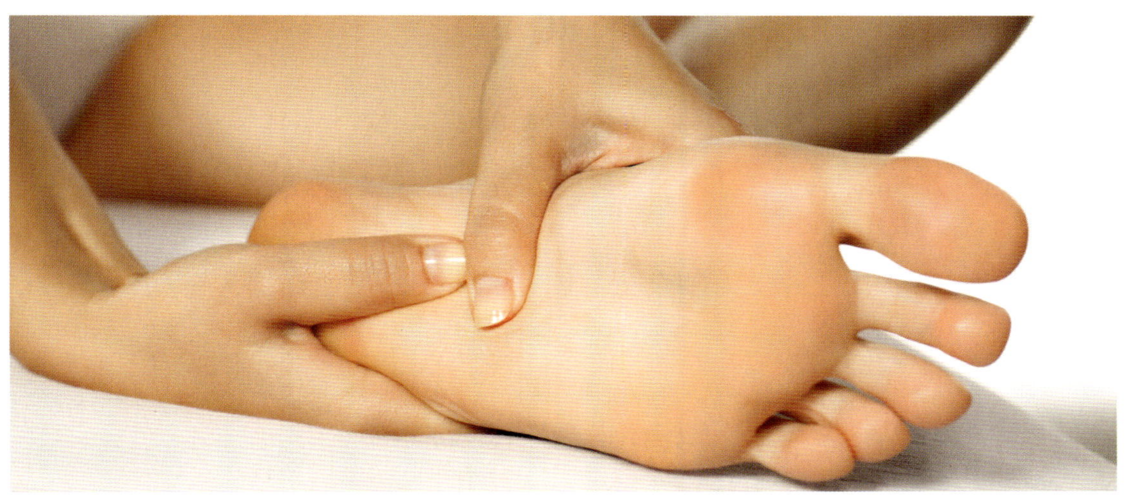

WOHLTUENDE FUSSMASSAGE

5 MINUTEN

Mischen Sie 1 TL **Haselnussöl** mit 10 Tropfen **Lavendelöl**.

- Setzen Sie sich bequem hin und legen Sie einen Fuß auf den Oberschenkel des anderen Beins.
- Geben Sie etwas von der Mischung in eine Hand. Nehmen Sie den angehobenen Fuß in beide Hände und reiben Sie ihn von den Zehen ausgehend Richtung Knöchel mit der Ölmischung ein.
- Massieren Sie in kreisenden Bewegungen mit Ihrem Daumen die Fußsohle Richtung Ferse.
- Ballen Sie eine Hand zur Faust und massieren Sie damit fest die Unterseite des Fußes von den Zehen Richtung Ferse.
- Nehmen Sie schließlich den Fuß in beide Hände und drücken Sie den ganzen Fuß, von den Zehen ausgehend bis zur Ferse. Massieren Sie dann den anderen Fuß.

VERWÖHNENDE HANDMASSAGE

4 MINUTEN

Mischen Sie 1 TL **Macadamiaöl** mit 10 Tropfen **Zitronenöl.**

- Geben Sie etwas von der Mischung in die Handfläche und lassen Sie sie warm werden.
- Massieren Sie mit dem Daumen der einen die Handfläche der anderen Hand, mit festem Druck und von der Mitte nach außen.
- Massieren Sie dann den Handrücken ausgehend vom Handgelenk bis zu den Fingerspitzen.
- Massieren Sie dann jeden Finger nacheinander von den Fingerspitzen Richtung Handgelenk.
- Führen Sie diese Massage nur abends aus, da das Zitronenöl die Lichtempfindlichkeit der Haut erhöhen kann.

DREI FABELHAFTE ABNEHMMASSAGEN

Sie möchten Ihre Körperkonturen neu formen? Dabei können Ihnen ätherische Öle helfen, indem sie die Haut straffen, festigen und stärken und den Körper unterstützen, Abfallstoffe und Fettgewebe abzubauen. Als perfektes Duo stimulieren Massagen und ätherische Öle im Teamwork die Blut- und Lymphzirkulation, beschleunigen so die Ausscheidungsprozesse und helfen beim Abbau von Fett und Wasser im Gewebe.

Verwenden Sie etwa 20 Tropfen ätherisches Öl auf 2 TL Trägeröl.

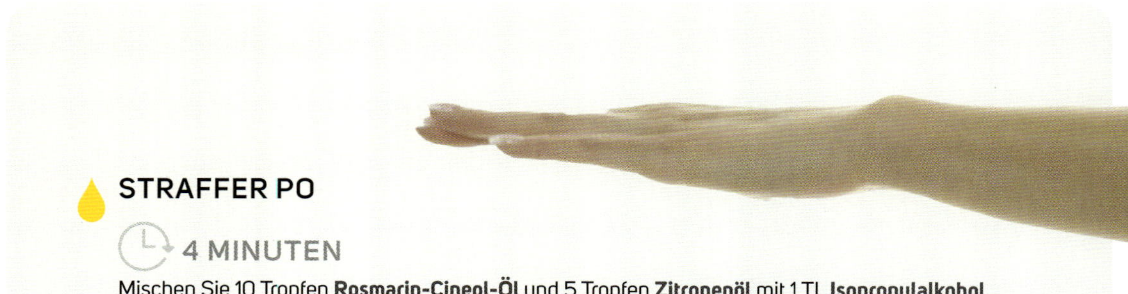

STRAFFER PO

4 MINUTEN

Mischen Sie 10 Tropfen **Rosmarin-Cineol-Öl** und 5 Tropfen **Zitronenöl** mit 1 TL **Isopropylalkohol** (Franzbranntwein, 70 %) und 1 TL **Macadamiaöl**. Vor Gebrauch gut schütteln.

- Geben Sie etwas von der Mischung in die Handfläche und erwärmen Sie sie, indem Sie die Hände reiben.
- Fassen Sie unterhalb des Pos in den Oberschenkel und drücken und rollen Sie die Falte nach oben über die Pobacke.
- Wiederholen Sie dies dreimal an jeder Pobacke.
- Nehmen Sie dann eine Pobacke in jede Hand und kneten Sie sie fest. Sie sollten die Wärme deutlich spüren, aber es sollte nicht wehtun.

STRAFFE ARME

6 MINUTEN

Mischen Sie 10 Tropfen ätherisches **Zitronenöl** mit 1 TL **Jojobaöl**.

- Geben Sie etwas von der Mischung in eine Handfläche und reiben Sie damit die Innenseite des anderen Arms vom Ellbogen bis zur Schulter kräftig ein.
- Greifen Sie dann an den Trizeps in Ihrem Oberarm und kneten Sie die Außenseite des Arms kräftig, immer in Richtung Herz vorgehend.
- Wiederholen Sie die Massage am anderen Arm.
- Führen Sie diese Massage nur abends aus, da das Zitronenöl die Lichtempfindlichkeit der Haut erhöhen kann.

WEICHES GESICHT, GLATTER HALS

4 MINUTEN

Mischen Sie 2 Tropfen **Damaszener-Rosenöl** und 1 TL **Borretschöl**.

- Für diese Massage muss Ihre Haut vollkommen sauber sein.
- Geben Sie etwas von der Mischung in Ihre Handfläche und erwärmen Sie sie, indem Sie die Hände reiben.
- Legen Sie Ihre Finger in Höhe des Kinns auf die untere Gesichtshälfte. Arbeiten Sie immer nach oben, indem Sie die Haut sanft zu den Schläfen hin dehnen – niemals nach unten.
- Wiederholen Sie diese Bewegung mehrere Male.
- Streichen Sie dann mit leicht kreisenden Bewegungen über die Haut direkt unter den Augen, wo sich Tränensäcke bilden können, arbeiten Sie sich dabei vom Nasenrücken bis zu den Augenwinkeln vor.
- Zuletzt kneifen und kneten Sie sanft die Haut am Hals in dem Bereich, in dem sich ein Doppelkinn bilden kann.

DUFTENDE BÄDER

Welche Schönheitsbehandlung verwöhnt, pflegt und bietet gleichzeitig die schönste Entspannung? Klar, ein Bad mit duftenden ätherischen Ölen. Im Wasser fühlt sich der Körper leicht an, die Gelenke entspannen, die Muskeln lockern sich, der Geist wird frei – und nun können die ätherischen Öle ihre wirksamsten Inhaltsstoffe entfalten. Gönnen Sie sich ein Entgiftungs-, Fettverbrennungs- oder Peelingbad und genießen Sie dabei die herrlichen Wohlgerüche.

NOTWENDIGE ZUTATEN

Ätherische Öle sind nicht wasserlöslich. Pur ins Wasser gegeben, verbrennen sie die Haut. Deshalb müssen Sie sie mit einer Substanz mischen, die sich im Wasser auflöst und mit dem ätherischen Öl verbindet. Zu diesem Zweck kaufen Sie entweder ein Basis-Badeöl oder verwenden einen natürlichen Emulgator wie Meersalz, Natron, Bittersalz oder Totes-Meer-Salz.

BASIS-BADEÖL

Basisöle erhalten Sie in Apotheken, Reformhäusern oder online. Verwenden Sie 10 Tropfen ätherisches Öl auf 1 EL Basisöl. Basisöle sind das beste Dispergiermittel für ätherische Öle.

MEERSALZ

Mit seinen reinigenden Inhaltsstoffen eignet sich Meersalz hervorragend für ätherische Öle. Träufeln Sie 10 Tropfen Öl auf eine Handvoll Salz und fügen Sie es dem Badewasser hinzu.

NATRON (NATRIUMHYDROGENCARBONAT)

Natron wird auf ähnliche Weise wie Meersalz verwendet und hat darüber hinaus eine weichmachende und antimykotische Wirkung. Träufeln Sie 10 Tropfen ätherisches Öl auf eine Handvoll Natron und fügen Sie es dem Badewasser hinzu.

Bei schmerzenden Beinen oder müden Füßen hilft eine Mischung aus 5 Tropfen ätherischem Öl auf 3 EL Natron, die Sie für ein Fußbad in eine Schüssel mit warmem Wasser geben.

BITTERSALZ UND TOTES-MEER-SALZ

Die entspannende, beruhigende und heilende Wirkung dieser beiden Salze verbindet sich mit der Wirkung der ätherischen Öle. Geben Sie 10 Tropfen ätherisches Öl auf eine Handvoll Bittersalz oder Totes-Meer-Salz und fügen Sie es dem Badewasser hinzu.

ANWENDUNG

Duftende Bäder erfordern ein wenig Vorbereitung, doch das Ergebnis lohnt die Mühe: das herrliche Gefühl, abschalten zu können, die Gedanken im Duft des aromatisierten Badewassers schweifen zu lassen, während sich der Körper entspannt, beruhigt und immer leichter wird.

- Verbannen Sie das Telefon, die Kinder und den Hund und verkünden Sie laut und deutlich, dass Sie für die nächste Stunde niemand – NIEMAND! – stören darf.
- Halten Sie die benötigten Utensilien wie Körperbürste, Peelingschwamm und Rubbelhandschuh griffbereit.
- Bereiten Sie sich einen entspannenden Kräutertee zu und ziehen Sie sich dann ins Badezimmer zurück.
- Mischen Sie Ihre ätherischen Öle mit dem von Ihnen gewählten Basisöl oder -salz (siehe nebenstehende Tabelle), lassen Sie das Wasser mit einer Höchsttemperatur von 38 ° Celsius einlaufen und gießen Sie die Mischung hinein, wenn die Wanne gefüllt ist. Vermischen Sie Wasser und Badezusatz mit der Hand.
- Waschen Sie Ihr Gesicht und bereiten Sie dann zwei Kräutertee-Umschläge vor, die Sie auf Ihre Augen legen, wenn Sie in der Wanne liegen.
- Hilfreich ist eine Hintergrundmusik (Mozart z. B. eignet sich hervorragend).
- Tauchen Sie nun in das Bad ein, schließen Sie die Augen, legen Sie die Umschläge auf und lassen Sie sich von einem Gefühl des Wohlbefindens durchströmen.
- Warten Sie mindestens 10 Minuten, bevor Sie mit Ihrer Schönheitsbehandlung beginnen, egal ob Sie einen Peelingschwamm, einen Rubbelhandschuh oder etwas anderes verwenden wollen. Nutzen Sie die freie Zeit und genießen Sie den Moment fernab vom Alltagsstress.
- Nach 20 Minuten sollten Sie aus dem Bad steigen und in einen Bademantel schlüpfen.

HIMMLISCHE BADEZUSÄTZE

KÖRPERPEELING-BAD

Vermischen Sie in einer Schüssel 200 ml **Meersalz**, 200 ml **Natron**, 200 ml **Bittersalz** und 15 Tropfen ätherisches **Lavendelöl**.

- Lassen Sie 38 ° Celsius warmes Wasser in die Wanne einlaufen, geben Sie die Mischung hinein und entspannen Sie sich in diesem Bad 20 Minuten lang.
- Duschen Sie sich anschließend warm ab, um die Salzreste von der Haut abzuwaschen.

VERJÜNGUNGSBAD

Mischen Sie 5 Tropfen **Zitronenöl**, 5 Tropfen **Lavendelöl** und 5 Tropfen **Teebaumöl** mit 1 EL Basisöl.

- Geben Sie die Mischung in 35 ° Celsius warmes Badewasser und mischen Sie sie mit der Hand unter.
- Gönnen Sie sich dieses Bad nur abends, da das Zitronenöl die Lichtempfindlichkeit der Haut erhöhen kann.

PRICKELBAD

Was für ein Tag! Gestresst und erschöpft kommen Sie nach Hause. Wahrscheinlich haben Sie bereits bestimmte Strategien, mit denen Sie Ihre schlechte Laune vertreiben, damit sie zu Hause nicht die Stimmung verdirbt. Probieren Sie doch einmal diese Anwendung aus: ein belebendes Bad, in dem sich Ihre Sorgen Bläschen für Bläschen in Luft auflösen.

- Mischen Sie in einer Schüssel 2 EL **Natron** und 2 TL **Zitronensäure** (im Internet und in Apotheken erhältlich). Fügen Sie 15 Tropfen **Zitronenöl** und 10 Tropfen **Pfefferminzöl** hinzu. Rühren Sie die Mischung glatt, und mischen Sie dann 6 EL **Bittersalz** unter.
- Wenn Sie bereit sind, lassen Sie Ihr Bad einlaufen, geben 2 EL der prickelnden Mischung dazu und steigen dann in die Wanne.
- Bewahren Sie den Rest des Badesalzes in einem hübschen Glasgefäß mit fest verschließbarem Deckel auf und halten Sie es griffbereit – für den Fall, dass Sie mal wieder die Laune heben möchten.

DUFTENDE DUSCHEN

Möchten Sie Ihre morgendliche Routine mit einem Verwöhnmoment aufpeppen, bevor Sie wieder hinausgehen und der Welt die Stirn bieten?

Nur ein paar Tropfen ätherisches Öl verströmen im Dampf einer heißen Dusche einen Duft, der zuerst den Geruchssinn und dann den ganzen Körper belebt – versprochen! Dieses duftende Verwöhnprogramm dauert nicht länger als eine normale Dusche, wenn Sie das ätherische Öl direkt in Ihr Duschgel mischen.

ANWENDUNG

- Geben Sie etwas von Ihrem üblichen Duschgel in Ihre Hand, fügen Sie 2 oder 3 Tropfen ätherisches Öl hinzu und vermischen Sie das Ganze mit dem Finger.
- Tragen Sie das Gel auf die feuchte Haut auf, massieren Sie es sanft ein und waschen Sie es ab.
- Duschen Sie sich zum Schluss mit lauwarmem Wasser ab (besser noch, wenngleich ein kleiner Schock am Morgen, mit kaltem Wasser), um den Kreislauf anzukurbeln. Beginnen Sie an den Füßen und arbeiten Sie sich bis zu den Schultern hoch, konzentrieren Sie sich aber vor allem auf Oberschenkel, Bauch und Brust.
- Trocknen Sie sich sanft und ohne zu rubbeln mit einem Handtuch ab.

IHR PERSÖNLICHES DUSCHGEL

Nach dem ersten »Hineinschnuppern« gehören duftende Duschen mit ätherischen Ölen mittlerweile vielleicht schon zu Ihrem morgendlichen genussvollen Schönheitsritual. An einem Tag Lavendel, am nächsten Pfefferminze – das anfängliche Experimentieren macht Spaß und mit der Zeit wissen Sie, welche Öle Ihrer Haut besonders guttun. Nun ist der Punkt für ein persönliches Duschgel gekommen, das Sie jeden Morgen verwenden können. Nehmen Sie dazu eine Flasche mit 200 ml neutralem Duschgel (online oder in Läden, die Naturkosmetik führen, erhältlich) und geben Sie ätherisches Öl hinzu. Als Faustregel gilt: entweder 40 Tropfen von einem oder je 20 Tropfen von zwei bzw. je 10 Tropfen von vier verschiedenen Ölen. Mehr als vier ätherische Ölsorten sollte man nie mischen.

DREI WOHLTUENDE DUSCHGELS

FÜR MÜDE SCHMERZENDE BEINE

Mischen Sie 2 Tropfen **Zitronenöl** in Ihr übliches Duschgel. Waschen Sie sich damit ab, beginnend bei den Füßen in Richtung Herzen. Dann duschen Sie mit einem kräftigen lauwarmen (noch besser kalten!) Strahl die Beine, in kleinen kreisenden Bewegungen von den Knöcheln hinauf zur Hüfte. Zum Abschluss bearbeiten Sie mit dem kalten Strahl (an den Sie sich jetzt gewöhnt haben) nacheinander etwa 1 Minute lang die Rückseiten der Beine, von der Fußsohle und über die Wade hinauf zum Po. Verwenden Sie dieses Duschgel nur abends, denn das ätherische Zitronenöl kann die Lichtempfindlichkeit der Haut erhöhen.

ZUM ABKÜHLEN UND ERFRISCHEN

Eine tolle Mischung für den Sommer! Geben Sie 20 Tropfen **Lavendelöl** und 2 Tropfen **Pfefferminzöl** in eine saubere Flasche (250 ml) und füllen Sie mit neutralem Duschgel auf. Vor Gebrauch stets gut schütteln.

ZUM AUFWACHEN

Dieses Duschgel ist gnadenlos gegen Müdigkeit, aber sanft zu Haut und Haar, und damit perfekt, um in den Tag zu starten. Geben Sie in eine saubere Flasche (250 ml) 50 ml **Weizenkeimöl**, 20 Tropfen **Pfefferminzöl** und 20 Tropfen **Lavendelöl** und füllen Sie sie mit neutralem Duschgel auf. Vor Gebrauch stets gut schütteln.

DUFTENDE SEIFEN

ANWENDUNG

- Raspeln Sie 90 g unparfümierte weiße **Marseiller Seife** (online oder in Läden erhältlich, die Naturkosmetik führen) oder nehmen Sie 90 g Seifenflocken.
- Schmelzen Sie die Seife im Wasserbad (siehe S. 32) und rühren Sie sie dabei vorsichtig um.
- Mischen Sie das Trägeröl und die ätherischen Öle (lassen Sie sich dabei von den unten aufgeführten Seifen inspirieren), nehmen Sie die geschmolzene Seife vom Herd und fügen Sie die Ölmischung hinzu.
- Verrühren Sie das Ganze und gießen es noch warm in eine Silikonform. Darin lassen Sie die Seife 24 Stunden lang trocknen und aushärten, bevor Sie sie herausnehmen.

DREI WUNDERBARE SEIFEN

FÜR JUNGE HAUT

Mischen Sie 1 EL **Haselnussöl**, 20 Tropfen **Teebaumöl** und 20 Tropfen **Zitronenöl**. Rühren Sie die Mischung sofort in die geschmolzene Seife ein, wenn Sie sie vom Herd nehmen.

FÜR EMPFINDLICHE HAUT

Mischen Sie 1 EL **Mandelöl** und 40 Tropfen **Lavendelöl**. Rühren Sie dies sofort in die geschmolzene Seife ein, wenn Sie sie vom Herd nehmen.

FÜR DAS PEELING

Mischen Sie 1 EL **Mandelöl**, 1 TL **gemahlene Mandeln** und 20 Tropfen **Zitronenöl**. Rühren Sie die Mischung sofort in die geschmolzene Seife ein, wenn Sie sie vom Herd nehmen.

HYDROLATE

Eigentlich könnte man Hydrolate – das sind Blüten-, Pflanzen- oder Aromatische Wässer – auch als »Ätherische Wässer« bezeichnen, da sie wie ätherische Öle durch die Destillation von Pflanzen gewonnen werden. Dabei entstehen zwei unterschiedliche Produkte: das ätherische Öl, das an der Oberfläche schwimmt, und darunter das sogenannte Hydrolat, ein Kondensat mit dem wasserlöslichen Pflanzenmaterial. Beide Bestandteile enthalten die aktiven Pflanzeninhaltsstoffe, die jedoch in den ätherischen Ölen viel stärker konzentriert sind. Dagegen können die weitaus schwächeren Hydrolate anders als die ätherischen Öle direkt auf der Haut, in einer Lotion oder als Parfümwasser sowie generell viel freier verwendet und auch eingenommen werden. Sie eignen sich gut für selbstgemachte Kosmetika, aromatisieren Speisen und sind auch für Schwangere, Stillende und Babys unbedenklich.

AUF QUALITÄT ACHTEN

Kaufen Sie nur beste Qualität und meiden Sie die unzähligen im Handel erhältlichen unreinen, verdünnten, gefälschten und sogar kontaminierten Hydrolate. Wählen Sie nur Produkte, die zu 100 Prozent biologisch und frei von Konservierungsstoffen sind. Wie bei ätherischen Ölen sollte auf dem Etikett der wissenschaftliche Pflanzenname (z. B. *Citrus limonum* bei Zitronenhydrolat) stehen, zudem die Angabe »Hydrolat«, »Destillat« oder »Destillation« sowie gegebenenfalls weitere Inhaltsstoffe. Wenn möglich, nehmen Sie die Nase zu Hilfe: Hydrolate duften nicht so stark wie ätherische Öle, aber sehr eindeutig. Und nicht zuletzt ist auch der Preis ein guter Hinweis: Sehr billige Produkte sind in der Regel minderwertige Imitate, die wahrscheinlich keine aktiven Inhaltsstoffe enthalten und weder der Gesundheit noch der Schönheit guttun.

RICHTIG LAGERN

Wie ätherische Öle sind auch Hydrolate äußerst licht- und hitzeempfindlich. Da sie nur sehr wenige aromatische Moleküle enthalten, sind sie auch weniger gut haltbar. Am besten bewahren Sie sie im Kühlschrank auf. Dort bleiben ihre aktiven Inhaltsstoffe ohne jegliche Konservierungsstoffe mehrere Monate ab dem Herstellungsdatum stark wirksam. Erfragen Sie stets solche Details, wenn sie nicht auf dem Flaschenetikett stehen.

BEZUGSQUELLEN

Hydrolate erhalten Sie am besten in Kräutergeschäften, Bio-Läden und Apotheken sowie in Online-Shops, die »reine«, »„biologische«, »mikrofiltrierte« Produkte teils recht preisgünstig anbieten. Auf diesen Websites finden Sie auch alles, was Sie brauchen, um Kosmetikprodukte selbst herzustellen, z. B. Sprühflaschen, Pipetten, Basisöle für Bäder und Basisgels für Duschen. Seriöse Anbieter achten besonders auf die Umwelt und verkaufen Hydrolate in recycelbaren Plastikflaschen, die frei von Phthalaten und Bisphenol sind.

FÜNF TOP-HYDROLATE

- **Lavendel** Seine beruhigenden Inhaltsstoffe wirken lindernd bei gereizter Haut, Sonnenbrand, Verbrennungen und vielem mehr.
- **Rosmarin** Erfrischt und belebt sowohl äußerlich (auf der Haut) als auch innerlich (Leber und andere innere Organe).
- **Rose** Ihre adstringierende Wirkung ist nützlich bei der Behandlung von Rosazea (rote, überempfindliche Haut) und Ekzemen.
- **Kamille** Beruhigt empfindliche Haut und Augenreizungen. Oral eingenommen beugt sie Wurmbefall vor und beruhigt die Nerven.
- **Orangenblüte** Verjüngt jeden Hauttyp und fördert oral eingenommen einen guten Schlaf.

DUFTENDE PEELINGS

Unsere arme Haut! Sie wird von allen Seiten angegriffen, bis sie kaum noch atmen kann. Sie schützt uns vor Umweltfeinden, bewahrt die Körpertemperatur, heilt Wunden – schwierige Aufgaben, die sie mit ein wenig Unterstützung besser erfüllen kann.

Um unsere Haut bei der Verjüngung zu unterstützen sind regelmäßige Peelings mit ätherischen Ölen wunderbar geeignet. Während die abgestorbenen Zellen und sonstige Unreinheiten abgerubbelt werden, können die Öle ihre Wirkung noch besser entfalten.

ANWENDUNG

Peelings müssen abgewaschen werden, deshalb führt man sie am besten vor dem Baden, Duschen oder direkt unter der Dusche aus. Im letzten Fall duschen Sie erst, stellen dann kurz das Wasser ab, tragen das Peeling auf und spülen es wieder ab. Aber – ist man beim Peeling nun eigentlich besser nass oder trocken? Das hängt von der Haut ab. Ist sie empfindlich, kann ein trockenes Peeling unangenehm sein. Doch egal, ob trocken oder nass – in jedem Fall tragen Sie ein wenig von der Mischung in kreisenden Bewegungen auf. Konzentrieren Sie sich auf harte Hautstellen, wie an den Knien, Ellbogen und Fersen, und nehmen Sie sich Zeit.

DREI EFFEKTIVE KÖRPERPEELINGS

ERFRISCHENDES PEELING

Mischen Sie 2 EL feines **Speisesalz**, 3 EL weichen **braunen Zucker**, 3 EL **Arganöl** und 3 Tropfen ätherisches **Pfefferminzöl**. Auf die Haut auftragen, einmassieren und sorgfältig mit fast kaltem Wasser abwaschen.

ANTI-CELLULITE-PEELING

Vermischen Sie 3 EL **Kaffeesatz**, 3 EL **Mandelöl** und 4 Tropfen **Zitronenöl**. Tragen Sie das Peeling mit kreisenden Bewegungen auf die zu behandelnden Stellen auf, z. B. auf Knie, Oberschenkel, Gesäß, Hüften, Bauch oder Arme. Mit warmem Wasser abspülen.

ALLZWECK-PEELING

Vermischen Sie 5 EL französisches grünes **Tonerdepulver** und 5 Tropfen **Teebaumöl** mit etwas Wasser zu einer dicken Paste. Tragen Sie die Paste auf die feuchte Haut auf und reiben Sie sie ein. Mit reichlich warmem und anschließend kaltem Wasser gut abspülen.

NÄHRENDE FEUCHTIGKEITSSPENDER

Wenn man unter allen Kosmetika nur eines wählen dürfte – die meisten griffen zu einem Feuchtigkeitsspender. Er ist wie eine zweite Haut.

Morgens tragen wir Feuchtigkeitsspender auf, um uns vor den Elementen zu schützen; abends gehen wir damit ins Bett und im Sommer bewahren sie die Haut vor dem Austrocknen und Sonnenschäden. Sie sind unerlässlich, um die Haut weich und geschmeidig zu halten. Wenn Sie ätherische Öle untermischen, profitiert Ihre Haut zusätzlich von deren Anti-Aging-, regenerierenden, antioxidativen und glättenden Eigenschaften. In selbstgemachten Pflegeprodukten sorgen sie für seidige Haut.

ANWENDUNG

Geben Sie eine kleine Menge duftende Lotion, Creme oder Öl in die Hand und tragen Sie sie mit sanften, streichenden Bewegungen auf der Haut auf. Gehen Sie dabei von den Extremitäten Richtung Herz vor: zuerst das eine Bein vom Fuß bis über den Oberschenkel, das Gesäß und den Bauch, dann das andere Bein vom Fuß über den Oberschenkel und schließlich die Hände und Arme. Anschließend ist es wichtig, dass Sie sich in einen warmen Bademantel wickeln, damit die ätherischen Öle ihre Wirkung entfalten können.

DREI EFFEKTIVE FEUCHTIGKEITSSPENDER

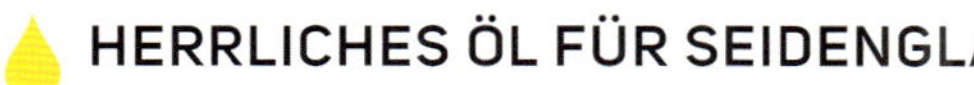

HERRLICHES ÖL FÜR SEIDENGLATTE HAUT

Mischen Sie in einer Flasche (300 ml) 5 EL **Arganöl**, 5 EL **Aprikosenkernöl**, 15 Tropfen **Lavendelöl** und 5 Tropfen **Zitronenöl**. Verwenden Sie diese Mischung nur am Abend, da Zitronenöl die Lichtempfindlichkeit der Haut erhöhen kann.

REGENERIERENDER BALSAM

Geben Sie ½ TL weißes **Bienenwachs**, 1 EL **Jojobaöl** und 3 EL **Macadamiaöl** in ein hitzebeständiges Glasgefäß und lassen Sie das Ganze unter ständigem Rühren im Wasserbad (siehe S. 32) schmelzen. Vom Herd nehmen, dann 2 EL **Rosenhydrolat** und 10 Tropfen **Lavendelöl** unter ständigem Rühren hinzufügen. Wenn alle Zutaten gleichmäßig vermischt sind, ist der Balsam fertig. Im Kühlschrank ist er einen Monat lang haltbar.

2-IN-1-BALSAM

Geben Sie 5 EL **Sheabutter** und 2 EL **Arganöl** in ein hitzebeständiges Glasgefäß und lassen Sie das Ganze unter ständigem Rühren im Wasserbad (siehe S. 32) schmelzen. Vom Herd nehmen und unter ständigem Rühren langsam 10 Tropfen **Lavendelöl**, 5 Tropfen **Zitronenöl** und 5 Tropfen **Damaszener-Rosenöl** hinzufügen. Der Balsam eignet sich auch hervorragend zur Behandlung von trockenem Haar. Er ist im Kühlschrank einen Monat lang haltbar. Verwenden Sie ihn nur am Abend, da Zitronenöl die Lichtempfindlichkeit der Haut erhöhen kann.

SONNENSCHUTZ

Sonnenklar: Am besten schützt man die Haut vor der Sonne, indem man im Schatten bleibt!

Viele Menschen ignorieren jedoch nach wie vor die bewährten Gesundheitstipps: Sie schützen ihre Haut nicht vor der Sonne oder verwenden bestenfalls synthetische Produkte, die zwar wirken, aber dem Planeten schaden und nicht notwendigerweise der Gesundheit zuträglich sind. Selbstgemachte Sonnenschutzmittel aus ätherischen Ölen mögen zwar nicht so schick sein wie kommerzielle Produkte, aber sie sind allemal besser für die Umwelt und sanfter zur Haut. Für eine schöne Bräune sollten Sie Ihre Haut mit natürlichen Produkten schützen, die Anweisungen zur sicheren Anwendung befolgen – und sich nicht zu lange in der Sonne aufhalten, Spitzenzeiten (mittags bis 16 Uhr) meiden sowie Hut und Sonnenbrille tragen.

DREI HERVORRAGENDE SONNENMITTEL

SCHÜTZENDES KÖRPERSPRAY

Geben Sie 100 ml **Sesamöl**, 200 ml **Jojobaöl** und 5 Tropfen **Pfefferminzöl** in eine Sprühflasche (300 ml). Verwenden Sie das Spray bei jedem Sonnenbad und schütteln Sie die Flasche immer, bevor Sie Gesicht und Körper damit besprühen.

LINDERNDES SPRAY BEI HITZEAUSSCHLAG

Geben Sie 200 ml **Lavendelhydrolat**, 50 ml **Pfefferminzhydrolat** und 50 ml **Rosenhydrolat** in eine Sprühflasche (300 ml). Gut schütteln und zweimal täglich auf alle entzündeten Hautstellen auftragen.

ERFRISCHUNGSSPRAY

Geben Sie 300 ml **Quellwasser** und 6 Tropfen **Lavendelöl** in eine Sprühflasche (300 ml). Lassen Sie die Lösung eine Woche lang stehen und schütteln Sie sie einmal am Tag. Verwenden Sie das Spray nach jedem Sonnenbad auf Gesicht, Hals, Dekolleté und Schultern. Schütteln Sie es vor Gebrauch gut, da sich ätherische Öle nicht leicht mit Wasser vermischen.

HANDPFLEGE

Bei Regen, Wind, Frost und Hitze sind unsere Hände rund um die Uhr im Einsatz, trotzdem kümmern wir uns nicht um sie. Kein Wunder, dass sie als Erste Anzeichen des Älterwerdens zeigen. Aber noch ist es nicht zu spät, ihnen mit den folgenden Mitteln die notwendige Pflege zukommen zu lassen.

ANWENDUNG

Tragen Sie etwas Balsam oder Öl auf jeden Handrücken auf und reiben Sie die Hände gegeneinander, als ob Sie sie waschen würden. Dann massieren Sie Ihre Hände sanft, beginnend an den Fingerspitzen Richtung Handgelenke. Nehmen Sie sich für jeden Nagel ein paar Sekunden Zeit.

DREI EFFEKTIVE PFLEGEPRODUKTE FÜR DIE HÄNDE

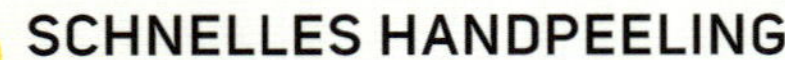

SCHNELLES HANDPEELING

Vermischen Sie in einer kleinen Schüssel 3 EL französisches grünes **Tonerdepulver** und 10 Tropfen **Lavendelöl** mit etwas warmem Wasser zu einer dicken Paste. Tragen Sie diese Paste einmal pro Woche auf den Handrücken auf und massieren Sie sie mit kreisenden Bewegungen ein. Mit klarem Wasser abspülen.

PFLEGENDE HANDSCHUHE

Vermischen Sie in einer Schüssel 1 EL **Olivenöl** und 6 Tropfen **Zitronenöl**. Tragen Sie vor dem Schlafengehen eine großzügige Menge auf die Hände auf, ziehen Sie dann ein Paar Baumwollhandschuhe an und tragen Sie diese die ganze Nacht. Morgens waschen Sie Ihre Hände mit klarem Wasser ab. Einmal pro Woche.

NAGELSTÄRKENDES ÖL

Vermischen Sie in einem Fläschchen (10 ml) 20 Tropfen **Zitronenöl** und 8 ml **Weizenkeimöl**. Massieren Sie damit abends jeden Nagel einzeln, konzentrieren Sie sich dabei auf die Ränder und die Nagelhaut. Danach mit einem Tuch abwischen. Ein- bis zweimal pro Woche.

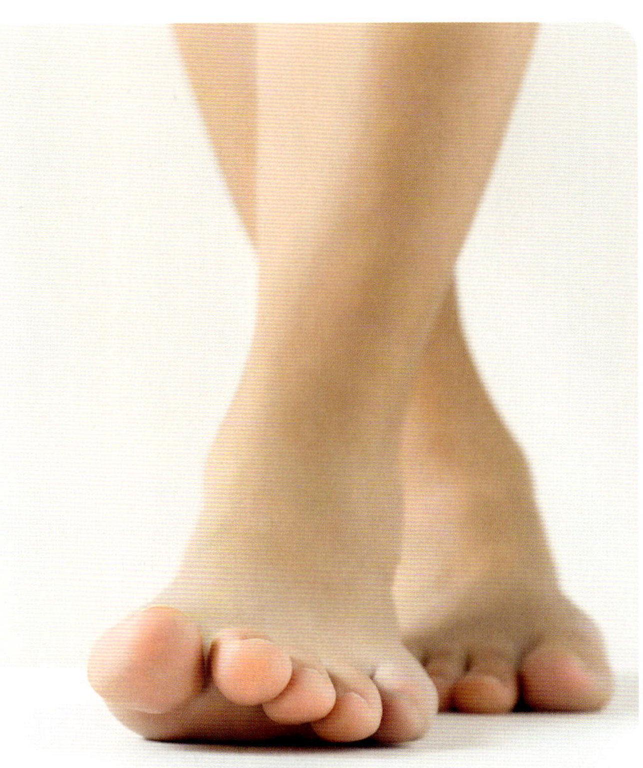

FUSSPFLEGE

Trocken, rau, schwielig – weil sie permanent in Schuhen eingesperrt sind, verlieren unsere Füße ihre natürliche Geschmeidigkeit.

Selbst in Schuhen, die sie atmen lassen, sind unsere Füße wegen ihrer vielen Talgdrüsen von Natur aus trocken. Deshalb müssen wir sie mit Feuchtigkeit und Nährstoffen versorgen. Nicht nur, damit sich die Haut weich anfühlt, sondern auch, weil sie uns dann weiter tragen, ohne uns bei jedem Schritt daran zu erinnern, dass sie ersticken, ohne dass sie brennen, anschwellen und Hühneraugen bilden. Die ätherischen Öle in den folgenden Pflegemitteln tragen mit ihren hochwirksamen Inhaltsstoffen bei, dass sich selbst sehr stark geschädigte Haut regeneriert.

DREI FANTASTISCHE FUSSPFLEGEMITTEL

ERFRISCHENDE FUSSCREME

Schmelzen Sie 4 EL **Sheabutter** im Wasserbad (siehe S. 32). Nehmen Sie den Topf vom Herd, fügen Sie 5 Tropfen **Zitronenöl** und 5 Tropfen **Lavendelöl** hinzu und vermischen Sie das Ganze gründlich. Wenn die Creme abgekühlt ist, reiben Sie damit Ihre Füße solange ein, bis sie vollständig eingezogen ist.

ANTI-BLASEN-ÖL

Geben Sie ½ TL **Mandelöl** in eine Handfläche, fügen Sie 4 Tropfen **Teebaumöl** hinzu und vermischen Sie die Öle mit dem Finger. Auf die wunden Stellen am Fuß auftragen und gut einmassieren.

WOHLTUENDES FUSSPEELING

Geben Sie 5 EL **Natron** und 5 Tropfen **Rosmarin-Cineol-Öl** in eine große Schüssel mit warmem Wasser und rühren Sie es zum Vermischen mit der Hand um. Baden Sie in dem Wasser 10 Minuten lang Ihre Füße. Danach nicht spülen oder abtrocknen! Reiben Sie nun mit einer Handvoll Natron kräftig die Oberseite jeden Fußes ein, mit einer weiteren Handvoll Natron Sohle und Ferse. Zum Schluss waschen Sie das Natron mit warmem Wasser sorgfältig ab.

DUFTENDE DEODORANTS

Kommerzielle Deodorants geraten immer wieder ins Kreuzfeuer der Kritik, weil sie Aluminium und Parabene enthalten, die in einigen Studien mit der Entstehung von Krebs in Verbindung gebracht wurden.

Es ist jedoch wichtig, den Schweißgeruch zu unterbinden – und auch dafür bieten ätherische Öle erneut Rettung. Dank ihrer antiseptischen Eigenschaften beseitigen sie die für den Geruch verantwortlichen Bakterien auf natürliche Weise.

ANWENDUNG

Trocknen Sie sofort nach dem Waschen Ihre Achselhöhlen und Fußsohlen sorgfältig ab und tragen Sie dann die Mischung auf. Wenn Sie Deoroller praktischer finden, kaufen Sie einfach leere Deorollerflaschen.

DREI WIRKSAME DEODORANTS

SCHNELLE DEO-CREME

Nehmen Sie ein wenig von Ihrer Feuchtigkeitscreme für Gesicht oder Körper und vermischen Sie sie mit 1 Tropfen **Lavendelöl** und 1 Tropfen **Pfefferminzöl**. Mit dem Finger verrühren und in jeder Achselhöhle auftragen.

DEO FÜR ACHSELN UND FÜSSE

Geben Sie etwas **Isopropylalkohol** (90 %) in einen Teelöffel und fügen Sie 1 Tropfen **Pfefferminzöl** hinzu. Mit einem Wattepad auf die Füße und/oder in den Achselhöhlen auftragen.

ULTRAFRISCHER FUSSSPRAY

Geben Sie in einen lichtundurchlässigen Behälter mit Deckel oder Stopfen 40 ml **Apfelessig**, 20 Tropfen **Zitronenöl**, 20 Tropfen **Lavendelöl**, 20 Tropfen **Pfefferminzöl** und 100 ml **destilliertes Wasser**. Verschließen Sie den Behälter und schütteln Sie ihn kräftig zum Vermischen. Lassen Sie die Mischung eine Woche ziehen, wobei Sie sie einmal täglich schütteln. Füllen Sie sie dann in eine Sprühflasche ab und sprayen Sie damit Ihre Füße täglich morgens und abends nach dem Waschen.

GESICHTSPFLEGE

Mutter Natur ist schon genial: Ätherische Öle sind vielseitige Hautspezialisten mit zahlreichen heilenden und reinigenden Fähigkeiten.

Jedes Öl besitzt eine besondere Eigenschaft, die sich für einen bestimmten Hauttyp in einem bestimmten Alter eignet. Ob glatte junge Haut, Lachfalten oder Krähenfüße – hier finden Sie das für Sie passende, perfekt auf Ihr Alter abgestimmte Pflegeprogramm.

WELCHES ÄTHERISCHE ÖL IST FÜR SIE GEEIGNET?

Wenn Sie fettige oder Problemhaut haben: Lavendel, Zitrone, Teebaum, Pfefferminze oder Rosmarin-Cineol

Wenn Sie trockene oder sehr empfindliche Haut haben: Lavendel.

Wenn Sie reife Haut haben: Damaszener Rose.

TEENAGER

Ist man als Teenager nicht zu jung für Schönheitspflege? Wer schon in der Jugend seine Haut pflegt, investiert in die Zukunft. In diesem Alter müssen Sie nicht Stunden dafür aufbringen. Aber wenn Sie sich jetzt eine Pflegeroutine angewöhnen – die Haut reinigen, peelen, ihr Feuchtigkeit spenden und sie mit Nährstoffen versorgen – zahlt sich dies in späteren Jahren aus.

VERORDNETE BEHANDLUNG:
Reinigen und mit Feuchtigkeit versorgen

SMILEY-GESICHTSPEELING

Geben Sie 1 EL **Orangenblütenhydrolat**, 2 EL **Aprikosenkernöl**, 1 Tropfen **Pfefferminzöl** und 2 EL gemahlene **Mandeln** in eine Schüssel und vermischen Sie alles gründlich zu einer dicken Paste. Tragen Sie ein wenig Paste mit den Fingerspitzen mit kreisenden Bewegungen auf Gesicht und Hals auf, konzentrieren Sie sich auf die gefährdeten Zonen (Stirn, Nase und Kinn). Wiederholen Sie dies, bis die Paste aufgebraucht ist. Waschen Sie dann Ihr Gesicht mit Quellwasser ab und trocknen Sie es sorgfältig mit einem weichen Handtuch ab.

GESICHTSMASKE FÜR PROBLEMHAUT

Geben Sie 3 EL grünes **Tonerdepulver**, den Saft von ½ **Zitrone**, 3 Tropfen **Teebaumöl**, 2 Tropfen **Pfefferminzöl** und 1 Tropfen **Zitronenöl** in eine Schüssel und vermischen Sie alles zu einer glatten Paste. Tragen Sie die Maske dick auf, lassen Sie sie 20 Minuten einwirken und waschen Sie sie dann gründlich mit warmem Wasser ab.

HAUTKLÄRENDES SERUM

Füllen Sie 3 EL **Jojobaöl**, 5 Tropfen **Lavendelöl** und 5 Tropfen **Rosmarin-Cineol-Öl** in eine möglichst dunkle verschließbare Glasflasche. Gut schütteln. Geben Sie 3 bis 4 Tropfen in die Handfläche, verreiben Sie sie und tragen Sie das Öl morgens und abends auf die gereinigte Haut auf, indem Sie es von der Mitte des Gesichts nach außen einmassieren, bis es vollständig eingezogen ist.

NACHTÖL

Bereiten Sie dieses Öl jeden Abend vor dem Schlafengehen schnell zu: Mischen Sie in Ihrer Handfläche 2 ml **Aprikosenkernöl**, 1 Tropfen **Damaszener-Rosenöl** und 1 Tropfen **Lavendelöl**. Auf das gereinigte Gesicht auftragen und in kleinen kreisenden Bewegungen einmassieren.

REHYDRIERENDE CREME

Mischen Sie in Ihrer Handfläche ein wenig **Aloe-Vera-Gel**, 2 Tropfen **Jojobaöl** und 1 Tropfen **Lavendelöl**. Tragen Sie die Creme morgens als Tages- oder abends als Nachtcreme auf.

ABSCHMINKLOTION

Geben Sie 5 EL **Aloe-Vera-Gel**, 5 EL **Bio-Vollmilch** und 3 Tropfen **Lavendelöl** in eine saubere Flasche. Gut schütteln, dann ein wenig der Mischung auf ein Wattepad geben und das Gesicht damit sorgfältig reinigen. Die Lotion hält sich im Kühlschrank eine Woche.
ACHTUNG Die Abschminklotion ist nur für das Gesicht, aber nicht für die Augen geeignet.

ZITRONEN-ROSEN-LIPPENBALSAM

Schmelzen Sie 15 g **Sheabutter** in einem kleinen Topf im Wasserbad (siehe S. 32). Vom Herd nehmen, dann 1 Tropfen **Zitronenöl** und 2 TL **Rosenhydrolat** unterrühren. Umrühren, abkühlen lassen und in ein kleines, luftdicht verschließbares Gefäß füllen.

SANFTES HAUTTONIKUM

In eine kleine Zerstäuberflasche (10 ml) 3 EL **Lavendelhydrolat**, 3 EL **Rosenhydrolat**, 2 EL **Apfelessig** und 5 Tropfen **Teebaumöl** geben. Vor Gebrauch gut schütteln und darauf achten, dass die Haut frei von Make-up ist.

AB ZWANZIG …

Ihre Zellen erneuern sich immer noch im Rekordtempo, aber versteckte Feinde wirken bereits im Hintergrund: Sonne, lange Nächte, Junkfood, Make-up-Reste … Gegen diese tickende Zeitbombe brauchen Sie einen Plan.

VERORDNETE BEHANDLUNG:
Reinigen und schützen Sie Ihre Haut vor freien Radikalen.

EIN NAHEZU PERFEKTES GESICHTSPEELING

Verrühren Sie 2 EL **Akazienhonig**, 1 EL **Roggenmehl**, 1 **Eigelb** und 3 Tropfen **Lavendelöl** in einer Schüssel zu einer glatten Paste. Tragen Sie sie mit den Fingerspitzen in kreisenden Bewegungen auf Gesicht und Hals auf. 10 Minuten einwirken lassen, dann mit Zitronenwasser (halb Wasser, halb Zitronensaft) abwaschen. Einmal pro Woche.

REINIGENDE GESICHTSMASKE

Vermischen Sie 2 EL **Honig** mit 1 EL **Frischkäse**, arbeiten Sie 2 Tropfen **Teebaumöl** und 2 Tropfen **Rosmarin-Cineol-Öl** ein. Tragen Sie die Gesichtsmaske auf Stirn, Nase und Kinn auf. 15 Minuten einwirken lassen, dann vorsichtig mit Zitronenwasser (halb Wasser, halb Zitronensaft) abwaschen. Zweimal pro Woche.

VERSCHÖNERNDES HAUTSERUM

Füllen Sie 3 EL **Arganöl**, 1 EL **Aprikosenkernöl** und 5 Tropfen **Lavendelöl** in eine getönte Glasflasche. Gut schütteln. Geben Sie 3 bis 4 Tropfen in die Handflächen tragen Sie das Serum morgens und abends auf die gereinigte Haut auf, indem Sie es von der Gesichtsmitte nach außen hin einmassieren, bis es vollständig eingezogen ist.

TRADITIONELLES HAUTTONIKUM

Geben Sie 25 g getrocknete **Rosenblütenblätter**, 300 ml **Rosenhydrolat**, 50 ml **Apfelessig** und 2 Tropfen **Damaszener-Rosenöl** in ein Glasgefäß. Drei Wochen kühl und dunkel lagern. Dann die Mischung filtern, nach der Gesichtsreinigung auf ein Wattepad sprühen und auftragen.

ABSCHMINKLOTION

Verrühren Sie 250 ml **Vollmilch**, 25 g gemahlene **Mandeln** und 1 Tropfen **Damaszener-Rosenöl**. Lassen Sie die Mischung eine Stunde ziehen und filtern Sie sie dann durch ein dünnes Mulltuch oder einen Kaffeefilter. Gut verschlossen hält sich die Lotion im Kühlschrank eine Woche lang. **ACHTUNG** Die Abschminklotion ist nur für das Gesicht, aber nicht für die Augen geeignet.

AB DREISSIG …

Das Gute: Sie sind nun rundum erwachsen – und können zurückblickend bestätigen, dass Sie sich viel wohler in Ihrer Haut fühlen als mit zwanzig.

Mit dreißig haben Sie die schwierige Zeit zwischen Jugend und Erwachsensein hinter sich gelassen. Wunderbar – aber: In diesem Alter besitzt man zwar eine schöne Haut, doch Stress, Sorgen und Schwangerschaften können Spuren hinterlassen und erste Fältchen begünstigen.

VERORDNETE BEHANDLUNG:
Verjüngen, nähren und schützen Sie Ihre Gesichtshaut.

GESICHTSPEELING

Mischen Sie 2 EL **Haferflocken**, ½ Becher **Naturjoghurt**, eine Prise **Salz** und 3 Tropfen **Zitronenöl**. Massieren Sie ein wenig in die Gesichtshaut ein, konzentrieren Sie sich auf Stirn, Nase und Kinn, die Haut um Augen und Mund sparen Sie aus. So oft wiederholen, bis alles aufgebraucht ist. Höchstens einmal pro Woche anwenden, um die Haut nicht zu reizen.

SAUERSTOFF-GESICHTSMASKE

Mischen Sie 2 Tropfen **Pfefferminzöl**, 3 Tropfen **Damaszener-Rosenöl** und 50 g **Tonerde**. Tränken Sie ein Wattepad mit **Rosenhydrolat**, befeuchten Sie damit Ihr Gesicht und tragen Sie dann die Maske dick auf. 10 Minuten einwirken lassen, anschließend mit warmem Wasser abwaschen.

VERJÜNGUNGSÖL

Füllen Sie 60 ml **Arganöl**, 40 ml **Johanniskrautöl** und 10 Tropfen **Damaszener-Rosenöl** in eine getönte Glasflasche. Morgens auf das saubere Gesicht auftragen. Kühl und trocken aufbewahren.

ARABISCHE-NÄCHTE-ÖL

Mischen Sie 6 Tropfen **Damaszener-Rosenöl**, 3 Tropfen **Zitronenöl** und 30 ml **Arganöl** in einer Flasche mit Verschluss. Jeden Abend auf die gereinigte Haut auftragen und sanft einmassieren, vor Gebrauch gut schütteln.

ZITRUSTONIKUM

Mischen Sie 300 ml **Orangenblütenhydrolat**, 2 Tropfen **Lavendelöl**, 2 Tropfen **Zitronenöl** und 10 Tropfen eines natürlichen Dispergiermittels oder Lösungsvermittlers in einer Flasche mit Verschluss. Gut schütteln. Abends damit ein Wattepad tränken, auf die gereinigte Haut auftragen.

BLUMIGER LIPPENBALSAM

3 EL **Sheabutter** in einem kleinen Topf im Wasserbad schmelzen (siehe S. 32). Den Topf vom Herd nehmen, 2 Tropfen **Lavendelöl** und 2 Tropfen **Damaszener-Rosenöl** einrühren. Umrühren, abkühlen lassen und in ein verschließbares Gefäß füllen.

AB VIERZIG ...

Das beste Alter überhaupt! (Was natürlich für jedes Alter gelten kann, je nachdem, wie das Leben verläuft.) Manche Frauen wissen noch nicht genau, was sie vom Leben erwarten – aber ganz genau, was nicht.

Dieses Selbstvertrauen spiegeln Sie durch Kleidung, Frisur und Make-up. In der besten aller Welten wäre alles perfekt, wären da nicht die Anzeichen des Alterns. Die Haut ist trockener, der Teint ist weniger gleichmäßig und vielleicht durch zu viel Sonneneinstrahlung gezeichnet, Fältchen erscheinen und in der Augenpartie vertiefen sie sich. Die gute Nachricht ist, dass sich das Hautbild auf tausend Weisen verschönern lässt.

VERORDNETE BEHANDLUNG:
Stärken und stimulieren Sie Ihre Haut, nähren und verjüngen Sie sie. Gönnen Sie ihr jede Woche ein Peeling und täglich Feuchtigkeitscreme.

YIN-YANG-GESICHTSPEELING

Vermahlen Sie 3 EL **Haferflocken** zu Pulver, geben Sie 1 EL **Mandelöl** und 3 Tropfen **Lavendelöl** hinzu. Tragen Sie mehrmals je eine kleine Menge mit den Fingerspitzen mit kleinen kreisenden Bewegungen auf Gesicht und Hals auf, bis das Peeling aufgebraucht ist. Waschen Sie Ihr Gesicht dann mit Quellwasser oder Lavendelhydrolat ab.

AUSGLEICHENDE GESICHTSMASKE

Mischen Sie 1 EL **Sheabutter** mit 4 Tropfen **Lavendelöl**. Tragen Sie die Maske dick auf, Augen- und Lippenpartie aussparen. 10 Minuten einwirken lassen, mit Lavendelhydrolat abwaschen.

SAHNIGE GESICHTSMASKE

Verquirlen Sie 1 **Eigelb**, 1 EL **Wildrosenöl** und 1 EL **Nachtkerzenöl**. Fügen Sie 1 TL **Akazienhonig** und 3 Tropfen **Damaszener-Rosenöl** hinzu. Auf Gesicht, Hals und Dekolleté auftragen, 20 Minuten einwirken lassen und dann mit einem in Rosenhydrolat getränkten Wattepad reinigen.

AUFPOLSTERNDES SERUM

Mischen Sie in einer Flasche (60 ml) 2 EL **Borretschöl**, 2 EL **Nachtkerzenöl** und 4 Tropfen **Damaszener-Rosenöl**. Geben Sie 3 bis 4 Tropfen in Ihre Handflächen und tragen Sie das Öl morgens und abends auf Ihr Gesicht auf, indem Sie es von der Mitte nach außen einmassieren.

WODKA-TONIKUM

100 ml **Rosenhydrolat**, 4 EL **Zitronensaft**, 1 EL **Wodka** und 2 Tropfen **Pfefferminzöl** in eine Glasflasche geben und gut schütteln. Einen Tag und eine Nacht stehen lassen, dann mit Watte auf Gesicht und Hals auftragen.

AUFPOLSTERNDER LIPPENBALSAM

1 TL **Sheabutter** im Wasserbad erwärmen (siehe S. 32). Vom Herd nehmen und 8 Tropfen **Lavendelöl** hinzufügen. Gut vermischen, in ein kleines Gefäß füllen und abkühlen lassen.

AUGENSERUM

Geben Sie 2 TL **Moschusrosenöl**, 2 TL **Tamanuöl** (Calophyllum), 1 Tropfen **Damaszener-Rosenöl** und 1 Tropfen **Lavendelöl** in eine kleine Glasflasche. Gut schütteln. Tragen Sie nach der Reinigung der Haut morgens und abends je 1 Tropfen Serum unter den Augen auf und massieren Sie es sanft von innen nach außen ein. An einem dunklen Ort aufbewahrt ist das Serum drei Monate haltbar.

AB FÜNFZIG …

Sie ringen mit den Hormonen, der Körper ist in Aufruhr. Die Haut verliert an Spannkraft, bekommt Furchen und wird reifer. Im Gesicht beginnt sie zu erschlaffen, die Falten mehren sich und die Schwerkraft wirkt nach unten – so sieht das Szenario für diejenigen aus, die ihre Haut vernachlässigt haben. Andere hingegen ernten nun die Früchte vorangegangener Schönheitspflege.

VERORDNETE BEHANDLUNG:

Stärken Sie Ihre Haut, pflegen Sie sie mit Nährstoffen, regen Sie die Zellerneuerung an und sorgen Sie für einen gleichmäßigen Teint.

SONNENPEELING

Mischen Sie 1 TL **Kokosnusspulver** mit 1 EL **Akazienhonig** und fügen Sie 2 Tropfen **Lavendelöl** hinzu. Auf Nase, Kinn und Stirn auftragen und mit kleinen kreisenden Bewegungen einmassieren. Mit warmem Wasser abwaschen.

VERJÜNGUNGSMASKE

Schmelzen Sie 1 TL **Sheabutter** im Wasserbad (siehe S. 32) und vermischen Sie sie mit ½ EL **Borretschöl** und 4 Tropfen **Damaszener-Rosenöl**. Tragen Sie die Mischung dick auf Ihr Gesicht auf, wobei Sie die Augen- und Lippenpartie aussparen. 10 Minuten einwirken lassen, dann mit einem in Rosenhydrolat getränkten Wattepad reinigen.

FALTENGLÄTTENDE GESICHTSMASKE

Etwa 10 reife **Himbeeren** in einer Schüssel zerkleinern. 1 EL **Crème fraîche**, 1 EL **Milchpulver**, 1 EL **Weizenkeimöl** und 5 Tropfen **Zitronenöl** hinzufügen. Gut verrühren und dick auf Gesicht und Hals auftragen. Eine Viertelstunde einwirken lassen, dann mit Zitronenwasser (halb Wasser, halb Zitronensaft) reinigen.

FEUCHTIGKEITSSPENDENDES SERUM

Mischen Sie 3 EL **Jojobaöl**, 1 EL **Moschusrosenöl** und 5 Tropfen **Damaszener-Rosenöl** in einer verschließbaren Flasche (60 ml). Geben Sie jeden Morgen 4 Tropfen in Ihre Handflächen und tragen Sie sie von der Mitte des Gesichts nach außen auf die Haut auf, bis sie eingezogen ist.

ROSENTONIKUM

Geben Sie 3 EL **Rosenhydrolat** in eine Flasche, fügen Sie 3 Tropfen **Damaszener-Rosenöl** und 20 Tropfen eines natürlichen Dispergiermittels hinzu. Gut schütteln. Ein Wattepad mit dem Serum tränken und damit Gesicht und Hals abtupfen ohne zu reiben. 5 Minuten einwirken lassen. Dann nicht reinigen, sondern die übliche Gesichtscreme auftragen.

ABSCHMINKLOTION

1 EL **Crème fraîche**, 1 EL **Akazienhonig** und 1 Tropfen **Damaszener-Rosenöl** in einer Schüssel vermischen. Mit einem Wattepad auf das Gesicht auftragen, dabei die Augenpartie aussparen. Dann mit Rosentonikum (siehe linke Seite) reinigen.

ACHTUNG Diese Abschminklotion ist nur für das Gesicht, nicht für die Augen geeignet.

AB SECHZIG …

Ein neuer Lebensabschnitt beginnt. Sie sind weniger gestresst, gelassener, haben mehr freie Zeit – und profitieren noch mehr von Ihrer Schönheitspflege. Ihre Haut kann nun viel trockener werden und ihre Geschmeidigkeit verlieren. Die Falten im Gesicht werden tiefer und Pigmentflecken erscheinen an Händen, Dekolleté und Gesicht. Doch ätherische Öle eilen schon zu Hilfe!

VERORDNETE BEHANDLUNG:
Regenerieren, stärken und nähren Sie Ihre Haut, bekämpfen Sie die Austrocknung, stimulieren Sie die Hautzellen auf tiefster Ebene.

BELEBENDES PEELING

3 EL **Haferflocken** in einem Mixer fein mahlen, 1 EL **Nachtkerzenöl** und 2 Tropfen **Damaszener-Rosenöl** hinzufügen. Mit den Fingerspitzen eine kleine Menge mit kreisenden Bewegungen auf Gesicht und Hals auftragen. Wiederholen Sie dies so oft, bis Sie das Peeling verbraucht haben, und reinigen Sie das Gesicht dann mit Quellwasser oder Rosenhydrolat.

ZEN-MASKE

Mischen Sie 1 EL **Aloe-Vera-Gel** und 4 Tropfen **Lavendelöl**. Verteilen Sie die Mischung dick auf Ihrem Gesicht, wobei Sie die Augen- und Lippenpartie aussparen. 10 Minuten einwirken lassen und dann mit in Rosenhydrolat getränkter Watte reinigen.

MASKE GEGEN ROSAZEA

Nach der abendlichen Reinigung und bevor Sie Ihre Nachtcreme auftragen: 2 TL **Mandelöl** und 10 Tropfen **Zitronenöl** mischen und sanft einmassieren. 30 Minuten einwirken lassen und dann mit Zitronenwasser reinigen (1 Teil Zitronensaft auf 10 Teile Wasser).

ABSCHMINKLOTION

2 EL **Jojobaöl**, 4 EL **Aloe-Vera-Gel**, 1 EL **Rosenhydrolat** und 3 Tropfen **Lavendelöl** in eine Zerstäuberflasche geben. Vor Gebrauch gut schütteln, dann etwas davon auf Watte geben und auf das Gesicht auftragen.
ACHTUNG Diese Abschminklotion ist nur für das Gesicht, nicht für die Augen verwendbar.

GRÜNTEE-TONIKUM

Erhitzen Sie 250 ml Wasser bis zum Siedepunkt. 1 TL **Grüntee** hinzugeben und 10 Minuten ziehen lassen. Abseihen und in eine verschließbare Flasche füllen. 1 TL flüssigen **Honig** und 4 Tropfen **Lavendelöl** hinzugeben. Gut schütteln. Das Tonikum mit Watte morgens und abends auf die saubere Haut auftragen. Im Kühlschrank zehn Tage lang haltbar.

LOTION GEGEN PIGMENTFLECKE

Mischen Sie 10 Tropfen **Zitronenöl**, 10 Tropfen **Teebaumöl** und 30 ml **Wildrosenöl**. Massieren Sie die Lotion mit kleinen kreisenden Bewegungen in Ihr Gesicht ein. Verwenden Sie die Lotion nur abends, da Zitronenöl die Lichtempfindlichkeit der Haut erhöhen kann.

VERJÜNGUNGSBALSAM

Erwärmen Sie ½ TL **Bienenwachs**, 1 TL **Mandelöl** und 1 TL **Kakaobutter** bei milder Hitze im Wasserbad (siehe S. 32) unter ständigem Rühren. Vom Herd nehmen und unter ständigem Rühren 1 Tropfen **Pfefferminzöl** und 2 Tropfen **Lavendelöl** hinzufügen. In ein kleines Gefäß füllen und im Kühlschrank aufbewahren.

HAARPFLEGE

Packen Sie das Problem an der Wurzel! Ob sie nun trocken, fettig, stumpf, schütter sind oder ausfallen – für alle Haare gibt es das passende ätherische Öl. Sobald Sie das richtige gefunden haben, wird Ihr Haar von seinem natürlichen Schutz profitieren. Mischen Sie sich Shampoos, Masken oder Lotionen, die perfekt auf die Bedürfnisse Ihres Haares abgestimmt sind.

DUFTENDE HAARMASKEN

ANWENDUNG

- Die Masken sollten auf das trockene Haar aufgetragen werden. Mischen Sie die ätherischen Öle mit 100 ml Trägeröl und tragen Sie sie auf den Haaransatz auf, wobei Sie das Haar wie bei einer Tönung in Strähnen aufteilen. Verteilen Sie alle Reste im ganzen Haar und massieren Sie sie ein, damit die Maske gut aufgenommen wird.
- Wickeln Sie Ihr Haar in Frischhaltefolie ein, decken Sie es mit einem warmen Handtuch ab und lassen Sie die Haarmaske 15 Minuten einwirken.
- Danach waschen Sie Ihr Haar wie gewohnt mit einem Shampoo und spülen es gut aus.
- Wenden Sie die Maske einmal wöchentlich an.

DUFTENDE SHAMPOOS

ANWENDUNG

- Duftshampoos besitzen herausragende Inhaltsstoffe und sind ganz einfach in der Anwendung. Tragen Sie sie wie übliche Shampoos auf das feuchte Haar auf und massieren sie mit den Fingerspitzen gut ein.
- Lassen Sie die Shampoos 5 Minuten einwirken und spülen Sie sie dann mit reichlich Wasser aus. Ganz Mutige stellen das Wasser abschließend fast ganz kalt.

DREI GROSSARTIGE SHAMPOOS

GEGEN HAARAUSFALL

Geben Sie in eine Flasche (500 ml) mit neutralem Shampoo (im Internet und in Läden, die Bioprodukte führen, erhältlich) 10 Tropfen **Rosmarin-Cineol-Öl** und 10 Tropfen **Zitronenöl**. Vor Gebrauch stets gut schütteln.

FÜR TROCKENES HAAR

Geben Sie in eine Flasche (500 ml) mit neutralem Shampoo 10 Tropfen **Lavendelöl**, 10 Tropfen **Rosmarin-Cineol-Öl** und 1 EL **Färberdistelöl**. Vor Gebrauch stets gut schütteln.

FÜR FETTIGES HAAR

Geben Sie in eine Flasche (500 ml) mit neutralem Shampoo 10 Tropfen **Lavendelöl** und 10 Tropfen **Zitronenöl**. Vor Gebrauch stets gut schütteln. Verwenden Sie kein heißes Wasser, da es die Talgdrüsen anregt.

DUFTENDE HAARSPÜLUNGEN

Ob natur, gesträhnt, getönt oder gefärbt – egal, wie wir unser Haar tragen, es liebt Spülungen. Ohne sie macht hartes Wasser das Haar rau und schwer zu kämmen. Doch synthetische Spülungen können manchmal mehr schaden als nutzen.

ZWEI WUNDERBARE HAARSPÜLUNGEN

SPÜLUNG FÜR NORMALES HAAR

Verquirlen Sie 1 **Eigelb**, 1 TL **Glyzerin** (in der Apotheke oder im Internet erhältlich), 2 Tropfen **Rosmarin-Cineol-Öl** und 3 Tropfen **Lavendelöl**. Fügen Sie 1 EL **Milchpulver** hinzu und verrühren Sie alles zu einer glatten Creme. Auf das ausgespülte, feuchte Haar auftragen und die Kopfhaut mit den Fingerspitzen massieren. 5 Minuten einwirken lassen, dann mit warmem Wasser ausspülen. Eine abschließende Spülung mit einer Apfelessiglösung (siehe unten) lässt Ihr Haar glänzen und befreit es bei hartem Wasser von Kalkablagerungen, die das Haar stumpf machen.

SPÜLUNG FÜR GLÄNZENDES HAAR (ALLE HAARTYPEN)

Geben Sie ½ l **Apfelessig**, 10 Tropfen **Lavendelöl** und 5 Tropfen **Zitronenöl** in eine 1 l fassende Glasflasche. Mit **Quellwasser** auffüllen und zum Vermischen gut schütteln. Wenn Sie Ihr Haar gewaschen und gespült haben, geben Sie ein halbes Glas der Mischung in 1 l warmes Wasser und spülen damit abschließend Ihre Haare.

MITTEL FÜR KÖRPER UND GEIST

Ob Akne, Schnittwunden, Beulen, Erkältungen, Schlaflosigkeit – unsere sechs Superstars helfen bei der Behandlung vieler Alltagsleiden. Lassen Sie sich von den Erfolgen dieser natürlichen »Arzneien« überraschen: Sie wirken schnell, gut und bei richtiger Anwendung ohne Nebenwirkungen. Die hier ausgewählten ätherischen Öle decken die meisten leichten Erkrankungen ab, die uns bisweilen das Leben verleiden. Schon wenige Tropfen dieser Multitalente können eine Virusinfektion bekämpfen, die Luft erfrischen oder den Kreislauf anregen. Gehen Sie jedoch achtsam vor, denn ätherische Öle sind hoch wirksam. Improvisieren Sie also nicht, sondern halten Sie unbedingt die präzise angegebenen Dosierungen exakt ein.

ANMERKUNGEN

- Ätherische Öle eignen sich nicht für Langzeitbehandlungen. Wenden Sie die Mittel stets nur so lange an, bis die Symptome verschwinden – bei oraler Einnahme nie länger als fünf Tage hintereinander.
- Ätherische Öle wirken sehr schnell. Wenn ein Mittel innerhalb der angegebenen Zeit nicht eindeutig wirkt, brechen Sie die Behandlung damit ab. Möglicherweise ist die Diagnose falsch und Sie verwenden deshalb nicht das richtige Öl. Lassen Sie sich beraten!
- Die Empfehlungen für die Einnahme von Ölen sind von Land zu Land unterschiedlich. Konsultieren Sie erst einen qualifizierten Aromatherapeuten, bevor Sie eines der mit einem Sternchen * gekennzeichneten Mittel anwenden.

PSYCHISCHES WOHLBEFINDEN

ÄNGSTE

- Reiben Sie 2 Tropfen **Lavendelöl** auf die Innenseite Ihres Handgelenks und atmen Sie den Duft ein, wann immer Sie Bedarf haben.

NERVÖSE ERSCHÖPFUNG

- Atmen Sie den Duft von **Pfefferminzöl** mehrmals am Tag ruhig und tief ein.
  * Geben Sie 1 Tropfen **Pfefferminzöl** auf ½ TL **Honig** und lassen Sie die Mischung im Mund zergehen. Bei Bedarf wiederholen.

MÜDIGKEIT

- Mischen Sie 20 Tropfen Pfefferminzöl, 20 Tropfen Rosmarin-Cineol-Öl und 2 TL Haselnussöl in einer kleinen Flasche. Massieren Sie die Schläfen mit dem Öl (die Augen vermeiden) und reiben Sie dann die Unterarme und Waden kräftig damit ein.
- Geben Sie 10 Tropfen Zitronenöl, 3 Tropfen Pfefferminzöl und 5 Tropfen Rosmarin-Cineol-Öl in einen Diffusor und zerstäuben Sie die Mischung morgens und nachmittags jeweils 1 Stunde lang im Wohnbereich.

CHRONISCHES MÜDIGKEITSSYNDROM

- Inhalieren Sie den Duft des **Damaszener-Rosenöls** so oft wie nötig direkt aus der Flasche.

SCHLAFLOSIGKEIT

- Geben Sie 2 Tropfen **Lavendelöl** auf 1 TL **Honig** und mischen Sie dies in **Lindenblütentee**. Trinken Sie 1 Tasse nach dem Abendessen und 1 Tasse vor dem Schlafengehen.
- Sprühen Sie einige Tropfen **Lavendelöl** auf Ihr Kopfkissen, wenn Sie zu Bett gehen. Das hilft zu entspannen – und hält Mücken fern.
- Mischen Sie 20 Tropfen **Lavendelöl** mit 1 EL **Basis-Badeöl**. Gießen Sie die Mischung in etwa 38 ° Celsius warmes Badewasser. 20 Minuten lang baden, dann schnell ins gemütliche Bett!

EMOTIONALER SCHOCK

- Wenn jemand durch eine erschütternde Nachricht geschockt wird, geben Sie 2 Tropfen **Pfefferminzöl** auf ein Taschentuch. Das Einatmen des Aromas bringt Erleichterung.

STRESSBEDINGTER SCHWINDEL

- Mischen Sie 4 EL grobes **Grausalz** (Sel Gris), 20 Tropfen **Lavendelöl** und 10 Tropfen **Pfefferminzöl** in einer Flasche. Wenn Sie sich schwindelig fühlen, atmen Sie den Duft tief ein.
- Mischen Sie 10 Tropfen **Lavendelöl** und 5 Tropfen **Pfefferminzöl** mit 1 EL **Basis-Badeöl**. Gießen Sie die Mischung in etwa 38 ° Celsius warmes Wasser und baden Sie 20 Minuten lang darin.

WUT

- Geben Sie 2 Tropfen **Lavendelöl** auf ein Taschentuch und atmen Sie den Duft ein.

DEPRESSION

- Zerstäuben Sie mehrmals täglich **Lavendelöl** in Ihren Wohnräumen – so lange, bis die Depression nachlässt.

JAHRESZEITLICH BEDINGTE DEPRESSION

- Zerstäuben Sie zweimal täglich 10 Tropfen **Zitronenöl** 10 Minuten lang in Ihren Wohnräumen.

NIEDERGESCHLAGENHEIT

- Geben Sie 1 Tropfen **Pfefferminzöl** auf jedes Handgelenk und atmen Sie den Duft drei- bis viermal am Tag ein.

SCHLECHTE LAUNE

- Geben Sie 2 Tropfen **Lavendelöl** und 1 Tropfen **Pfefferminzöl** auf ein Taschentuch. Atmen Sie den Duft zwei- bis dreimal am Tag ein.

NERVOSITÄT

- Tragen Sie 1 Tropfen **Lavendelöl** auf Ihre Schläfen auf, wann immer nötig.

APHRODISIAKUM

- Zerstäuben Sie abends im Schlafzimmer mit einem Diffusor 10 Minuten lang **Damaszener-Rosenöl** oder atmen Sie zehn Tage lang zweimal täglich dessen Duft direkt aus der Flasche ein.

SEXUELLE UNLUST

- Inhalieren Sie drei Wochen lang jeden Abend **Damaszener-Rosenöl** aus der Flasche.

GEDÄCHTNIS

- Zerstäuben Sie zur Steigerung der Gedächtnisleistung zweimal täglich 5 Tropfen **Rosmarin-Cineol-Öl** und 5 Tropfen **Zitronenöl** 10 Minuten lang in Ihrem Büro.

KONZENTRATION

- Geben Sie 1 Tropfen **Rosmarin-Cineol-Öl** auf jedes Handgelenk und atmen Sie es bei Bedarf tief ein.

KONZENTRATION BEIM AUTOFAHREN

- * Geben Sie alle 2 Stunden 1 Tropfen **Zitronenöl** auf die Zunge. Mit Kaffee oder anderen stimulierenden Getränken abwechseln.

MÜDIGKEIT BEIM AUTOFAHREN

- Bei langen Fahrten geben Sie jede Stunde ein paar Tropfen **Pfefferminzöl** in einen Autodiffusor, der an den Zigarettenanzünder angeschlossen ist. Das hält wach und aufmerksam und verringert die Müdigkeit.

MUNDPFLEGE

ZAHNABSZESS

- Im Lauf des Tages abwechselnd 1 Tropfen **Pfefferminzöl** und 1 Tropfen **Teebaumöl** mit Wattestäbchen auf das Zahnfleisch rund um die schmerzende Stelle auftragen.

MUNDGESCHWÜRE

- Spülen Sie den Mund dreimal täglich mit einer Lösung aus 5 Tropfen **Teebaumöl** in ½ Glas warmem Wasser.

ZAHNPFLEGE

- Zweimal pro Woche 2 Tropfen **Teebaumöl** vor der Zahnpasta auf die Zahnbürste geben.

SCHLECHTER ATEM

- Geben Sie 2 Tropfen **Pfefferminzöl** in ein kleines Glas Wasser. Den Mund damit ausspülen danach ausspucken. Erfrischt den Mund für mehrere Stunden, nach jeder Mahlzeit anwenden.

MUNDSOOR

- Tragen Sie 2 Tropfen **Teebaumöl** verdünnt mit 2 Tropfen infundiertem **Calendula-Öl** mit dem Finger oder einem Wattestäbchen auf die betroffene Stelle auf. Drei- bis fünfmal täglich, bis die Symptome verschwunden sind.

HERZ UND KREISLAUF

HOHER BLUTDRUCK

- *Geben Sie 2 Tropfen **Lavendelöl** auf 1 TL **Honig** und verrühren Sie alles mit ½ Glas Wasser. Zwei- bis dreimal täglich einnehmen.
- Geben Sie dreimal täglich 2 Tropfen **Lavendelöl** auf den Solarplexus (direkt über dem Nabel), auf die Innenseite der Handgelenke und in die Fußwölbung.

NIEDRIGER BLUTDRUCK

- Mischen Sie 5 Tropfen **Rosmarin-Cineol-Öl** mit 3 Tropfen **Pfefferminzöl** in 2 TL **Haselnussöl**. Massieren Sie Ihren Körper einmal pro Woche mit dieser Mischung.
- *Geben Sie 2 Tropfen **Pfefferminzöl** in 1 TL **Olivenöl**. Zweimal täglich einnehmen, vorzugsweise morgens und mittags, nicht abends.

SCHMERZEN

ARTHRITIS

- Mischen Sie 2 Tropfen **Pfefferminzöl**, 3 Tropfen **Lavendelöl** und 5 Tropfen infundiertes **Arnikaöl**. Massieren Sie damit die schmerzenden Stellen dreimal täglich.

MUSKELZERRUNG

- Tragen Sie 4 bis 5 Tropfen **Lavendelöl** auf den schmerzenden Muskel auf, sanft einmassieren.

VERSTAUCHUNG

- Geben Sie 2 Tropfen **Pfefferminzöl** und 3 Tropfen **Lavendelöl** in eine Schüssel mit Eiswasser. Legen Sie ein dünnes Tuch auf die Wasseroberfläche, damit es die Öle aufsaugt. Wringen Sie das Tuch aus, und legen Sie es 15 bis 20 Minuten lang auf die Verstauchung.

KOPFSCHMERZEN

- Tauchen Sie ein Taschentuch in sehr kaltes Wasser, beträufeln Sie es mit einigen Tropfen **Lavendelöl** und **Pfefferminzöl** und legen Sie es auf die Stirn. Von den Augen fernhalten, nach Bedarf erneuern.
- *Träufeln Sie 1 Tropfen **Pfefferminzöl** auf 1 TL **Honig**, mischen Sie dies in eine Tasse Tee oder Kräutertee, dann trinken.
- Zerstäuben Sie einige Tropfen **Lavendelöl** und **Pfefferminzöl**, am besten mit einem elektrischen Diffusor, 10 Minuten lang in Räumen wie Schlafzimmer oder Büro.

MUSKELKRAMPF

- Geben Sie 4 bis 5 Tropfen **Lavendelöl** auf den schmerzenden Muskel und massieren Sie sanft.

SCHWANGERSCHAFT

ÄTHERISCHE ÖLE IN DER SCHWANGERSCHAFT

Aromatherapie wird allein oder begleitend zu schulmedizinischen Behandlungen gegen viele Leiden und eine Reihe von schwangerschaftsbedingten Problemen eingesetzt. Sie unterstützt das emotionale Gleichgewicht von werdenden Müttern (was auch dem ungeborenen Kind zugutekommt) und hilft bei Infektionen, Entzündungen und Kreislaufproblemen, die auch mit einer Schwangerschaft zusammenhängen können. Aber: Schwangere sollten ätherische Öle nur sehr vorsichtig anwenden und nicht einnehmen – außer vielleicht Zitronen- oder Ingweröl gegen die morgendliche Übelkeit, aber auch diese nur nach Anweisung eines qualifizierten Aromatherapeuten.

GEBURT (HILFE GEGEN SCHMERZEN UND STRESS)

- Tragen Sie einige Tropfen **Damaszener-Rosenöl** auf die Innenseite Ihrer Handgelenke auf und atmen Sie seinen Duft so ruhig und tief wie möglich ein.

AKNE

- Mischen Sie 5 Tropfen **Lavendelöl**, 5 Tropfen **Teebaumöl** und 1 TL **Wildrosenöl**. Tragen Sie zweimal täglich 1 Tropfen der Mischung auf die Pickel auf, bis diese verschwunden sind.

BLÄHUNGEN UND AUFSTOSSEN

- * Mischen Sie 2 Tropfen **Zitronenöl** und 5 Tropfen **Olivenöl** in einem Löffel. Nach dem Mittag- und Abendessen unter die Zunge träufeln, nach Bedarf bis zu vier oder fünf Tage lang.

ABSTILLEN

- Nehmen Sie dreimal täglich 2 Tropfen **Pfefferminzöl** auf einer neutralen Tablette (online erhältlich) oder mit 1 TL **Honig** ein, im Mund zergehen lassen.
  ACHTUNG Vor der ersten Einnahme dieses Mittels müssen Sie das Stillen unbedingt beendet haben!

POSTNATALE DEPRESSION

- Mischen Sie 1 EL **Aprikosenkernöl** und 4 Tropfen **Damaszener-Rosenöl** in einem Fläschchen. Geben Sie 1 Tropfen der Mischung auf die Innenseite Ihrer Handgelenke und atmen Sie den Duft ein, wenn Sie das Bedürfnis danach verspüren.
- Tragen Sie dreimal täglich 5 Tropfen der Mischung auf Ihren Solarplexus auf, bis die Symptome verschwinden.

HAARAUSFALL

- Geben Sie 4 Tropfen **Zitronenöl** in Ihr übliches Shampoo (vorzugsweise mit Tonerde).

LEBERENTGIFTUNG

Während der Schwangerschaft

- *Mischen Sie 2 Tropfen **Zitronenöl** in ½ TL **Olivenöl** und lassen dies im Mund zergehen – jeden Monat 8 Tage lang, dreimal täglich. Sie können statt Olivenöl ½ TL **Honig** nehmen und die Mischung in einer Tasse Tee einnehmen.

Nach der Schwangerschaft

- * Mischen Sie 1 Tropfen **Pfefferminzöl**, 1 Tropfen **Rosmarin-Cineol-Öl** und 1 TL **Honig**. Geben Sie die Mischung in 500 ml **Rosmarintee**, den Sie nach und nach über 24 Stunden trinken. Diese Behandlung 8 Tage lang fortsetzen.

VERDAUUNGSBESCHWERDEN

- Mischen Sie 1 Tropfen **Zitronenöl** mit ½ TL **Honig** und lassen Sie die Mischung nach einer üppigen Mahlzeit im Mund zergehen.

EKZEME

- Mischen Sie 5 Tropfen **Teebaumöl**, 5 Tropfen **Lavendelöl** und 1 TL **Nachtkerzenöl**. Massieren Sie die Lösung drei- bis viermal täglich sanft an den betroffenen Stellen ein.

FROSTBEULEN

- Mischen Sie 1 Tropfen **Lavendelöl** mit 2 Tropfen **Wildrosenöl**. Dreimal täglich auf die betroffene Stelle auftragen, bis sie vollständig abgeheilt ist.

DAMMSCHNITT

- Mischen Sie 3 Tropfen **Lavendelöl** und 1 EL **Basis-Badeöl** in einer Schüssel (oder Bidet) mit warmem Wasser. Nehmen Sie zweimal täglich 5 Minuten lang ein Sitzbad, bis die Stelle heilt.
- Mischen Sie 2 Tropfen **Lavendelöl** und 2 Tropfen **Wildrosenöl**. Mit dem Finger dreimal täglich auf die Stelle auftragen, bis sie vollständig abgeheilt ist.

GRIPPE, GRIPPALER INFEKT

- Geben Sie 10 Tropfen **Zitronenöl** in einen Diffusor und lassen Sie sie 10 Minuten lang zerstäuben.

SCHLAFLOSIGKEIT

- Geben Sie 15 Tropfen **Lavendelöl** in einen Diffusor. Vor dem Schlafengehen 15 Minuten lang im Schlafzimmer zerstäuben lassen.
- Geben Sie einige wenige Tropfen **Lavendelöl** auf Ihr Kopfkissen.

VERMINDERTE LIBIDO

- Geben Sie 1 Tropfen **Damaszener-Rosenöl** auf Ihren Solarplexus und 1 Tropfen auf die Innenseite beider Handgelenke. Morgens und abends tief inhalieren, bis sich Besserung einstellt.
- Mischen Sie 1 ml **Damaszener-Rosenöl** und 9 ml **Wildrosenöl** in einer kleinen Flasche. Lassen Sie sich abends mit einigen Tropfen die Wirbelsäule massieren.
- Atmen Sie den Duft von **Damaszener-Rosenöl** direkt von der geöffneten Flasche ein, drei- bis viermal täglich.

KOPFSCHMERZEN

- Geben Sie 10 Tropfen **Lavendelöl** in Ihren Diffusor und lassen Sie sie 10 Minuten lang zerstäuben.

REISEKRANKHEIT

- * Lösen Sie 1 Tropfen **Zitronenöl** in ½ TL **Honig**. Lassen Sie diese Mischung auf Reisen wann immer nötig im Mund zergehen.

ÜBELKEIT

- * Geben Sie 2 Tropfen **Zitronenöl** in ½ TL **Honig**. Lassen Sie die Mischung im Mund zergehen, bevor Sie aufstehen.
- * Geben Sie 2 Tropfen **Lavendelöl** in ½ TL **Honig** und lassen Sie die Mischung wann immer nötig im Mund zergehen.

WASSEREINLAGERUNGEN

Ab dem 4. Schwangerschaftsmonat

- * Geben Sie 1 Tropfen **Zitronenöl** in ½ TL **Honig** oder **Olivenöl** und lassen Sie die Mischung im Mund zergehen – dreimal täglich, vier bis fünf Tage lang.

ÜBERGEWICHT

Ab dem 4. Schwangerschaftsmonat

- * Träufeln Sie 1 Tropfen **Zitronenöl** unter die Zunge und lassen Sie es im Mund zergehen, dreimal täglich.

HERPES ZOSTER (GÜRTELROSE)

- Mischen Sie 1 Tropfen **Teebaumöl**, 1 Tropfen **Lavendelöl** und 5 Tropfen infundiertes **Johanniskrautöl**. Tragen Sie die Mischung bis zu acht Mal täglich auf die Bläschen auf.

HALS, NASE UND OHREN

HALSSCHMERZEN

- * Verdünnen Sie 1 Tropfen **Teebaumöl** in 1 TL **Honig** und lassen Sie es im Mund zergehen, täglich zwei- bis dreimal. Oder Sie rühren die Mischung in einen aromatischen **Kräutertee** (z. B. Thymian, Rosmarin oder Salbei) ein und trinken dies zwei- bis dreimal am Tag.
- * Vermischen Sie 1 Tropfen **Pfefferminzöl** und 2 Tropfen **Teebaumöl** mit 1 EL **Akazienhonig**. Verrühren Sie alles gut in ½ Glas warmem Wasser. Gurgeln Sie damit drei Tage lang dreimal täglich.

RAUCHEN AUFHÖREN

- Mischen Sie 20 Tropfen **Zitronenöl** und 20 Tropfen **Pfefferminzöl** in einer kleinen Flasche. Jedes Mal, wenn Sie rauchen möchten, greifen Sie stattdessen zu dem Fläschchen und atmen den Duft der Öle ein.

BRONCHITIS

- Geben Sie 6 Tropfen **Teebaumöl** in eine Schüssel mit heißem Wasser und inhalieren Sie den Dampf zweimal täglich 10 Minuten lang.
- Geben Sie 8 Tropfen **Zitronenöl** in einen elektrischen Diffusor und lassen es morgens und abends 20 Minuten lang in Ihren Wohnräumen zerstäuben.

KEUCHHUSTEN

- Verdünnen Sie 2 Tropfen **Rosmarin-Cineol-Öl** in 1 TL **Mandelöl** und massieren Sie den Lungenbereich zwei- bis dreimal am Tag.

FIEBER UND INFEKTIONEN (SÄUGLINGE UND KINDER)

- Zur Beruhigung des Kindes: Mehrmals täglich Solarplexus und Innenseiten der Handgelenke mit einer Mischung aus 2 Tropfen **Lavendelöl** und einigen Tropfen **Mandelöl** sanft massieren.
- Zur Behandlung von Beschwerden wie Koliken, Infektionen und Schlafproblemen mehrmals täglich den Magenbereich mit einer Mischung aus 2 Tropfen **Lavendelöl** und 1 TL **Mandelöl** massieren.

GRIPPE, GRIPPALER INFEKT

- Mischen Sie 4 Tropfen **Teebaumöl**, 4 Tropfen **Zitronenöl** und 2 TL **Macadamiaöl**. Viermal täglich 10 Tropfen auf Hals, Brust und Rücken sanft einmassieren, bis die Symptome abgeklungen sind.

ATEMWEGSINFEKT

- Tragen Sie zehn Tage lang viermal täglich 2 Tropfen **Teebaumöl** auf Brust und Rücken auf.
- * Geben Sie 1 Tropfen **Teebaumöl** auf 1 TL **Honig**. Im Mund zergehen lassen, zehn Tage lang viermal täglich.

KEHLKOPFENTZÜNDUNG

- Mischen Sie 1 Tropfen **Pfefferminzöl** und 2 Tropfen **Teebaumöl** in 10 Tropfen **Haselnussöl**. Tragen Sie die Mischung dreimal täglich im Bereich der Ohren und des Halses auf. Bitte von den Augen fernhalten.

VERSTOPFTE NASE

- Geben Sie 1 Tropfen **Pfefferminzöl** unter die Zunge. Je nach Bedarf zwei- bis dreimal täglich anwenden.

MUMPS

- Vermischen Sie 2 Tropfen **Teebaumöl** mit ein wenig **Mandelöl** und tragen Sie es auf Ohren, Kiefer und Hals auf. Fünf Tage lang dreimal täglich anwenden.

OHRENENTZÜNDUNG

- Mischen Sie 1 Tropfen **Zitronenöl** und 1 Tropfen **Teebaumöl**. Massieren Sie davon ein wenig rund um das Ohr ein, dreimal täglich, bis die Symptome abklingen.
- **ODER**, wenn kein Ohrenausfluss auftritt:
  Tränken Sie einen kleinen Wattebausch mit der Lösung und platzieren Sie ihn in dem schmerzenden Ohr. So oft wie nötig erneuern, bis Linderung eintritt.

SCHNUPFEN

- 2 Tropfen **Teebaumöl** auf die Nasenlöcher, den Hals und den Brustbereich auftragen, zwei bis drei Tage lang, viermal täglich.
- * Mischen Sie 2 Tropfen **Teebaumöl** in ½ TL **Honig**. Im Mund zergehen lassen, zwei bis drei Tage lang, viermal täglich.

HEUSCHNUPFEN

- Geben Sie 200 ml Wasser, 10 Tropfen **Lavendelöl** und 5 Tropfen **Pfefferminzöl** in eine Sprühflasche. Gut schütteln und zwei- bis dreimal täglich in den Wohnräumen versprühen.

NEBENHÖHLENENTZÜNDUNG

- Geben Sie 4 Tropfen **Teebaumöl** und 2 Tropfen **Pfefferminzöl** in eine Schüssel mit heißem Wasser und inhalieren Sie den Dampf zweimal täglich 10 Minuten lang. Gehen Sie nach der Behandlung 2 Stunden lang nicht aus dem Haus.
- Lösen Sie 6 Tropfen **Teebaumöl** und 2 Tropfen **Pfefferminzöl** in 2 TL **Haselnussöl**. Massieren Sie zwei- bis dreimal täglich 10 Tropfen der Mischung sanft auf der Stirn und über den Nasennebenhöhlen auf beiden Seiten der Nase ein.

REIZHUSTEN

- Mischen Sie 4 Tropfen **Teebaumöl**, 4 Tropfen **Rosmarin-Cineol-Öl** und 2 TL **Haselnussöl**. Reiben Sie zweimal täglich mit 8 Tropfen die Brust und den oberen Teil des Rückens ein, bis die Symptome verschwinden.
- * Geben Sie 1 Tropfen **Teebaumöl** unter die Zunge und lassen Sie es zergehen, viermal täglich.

TROCKENER HUSTEN

- Geben Sie 2 Tropfen **Rosmarin-Cineol-Öl** und 2 Tropfen **Pfefferminzöl** auf ein Taschentuch und atmen Sie den Duft so oft wie nötig ein.

HAUTLEIDEN

ABSZESSE

- Tragen Sie 1 Tropfen **Teebaumöl** direkt auf den Abszess unter dem Verband auf, fünf Tage lang, dreimal täglich.

AKNE

- Mischen Sie 1 TL **Teebaumöl** und 2 TL **Aprikosenkernöl** in einem Fläschchen (15 ml). Tragen Sie jeden Morgen und Abend 2 Tropfen der Mischung auf die betroffenen Stellen auf. Bewahren Sie das Fläschchen vor Licht geschützt auf.

PICKEL UND FURUNKEL

- Mischen Sie 5 Tropfen **Teebaumöl** und 5 Tropfen **Lavendelöl** mit 2 TL infundiertem **Calendula-Öl**. Dreimal am Tag auf die gründlich gereinigte Haut auftragen.

SCHNITTWUNDEN

- Tragen Sie 1 Tropfen **Lavendelöl** und 1 Tropfen **Teebaumöl** auf die betroffene Stelle auf und verbinden Sie sie. Wiederholen Sie dies zwei bis drei Tage lang dreimal täglich.

KLEINE VERBRENNUNGEN UND VERBRÜHUNGEN

- Wenn nur eine kleine Stelle betroffen ist, können Sie einige Tropfen **Lavendelöl** direkt auftragen, alle 10 Minuten, bis der Schmerz nachlässt.

NARBEN

- Mischen Sie 3 Tropfen **Lavendelöl** mit 4 Tropfen **Wildrosenöl**. Tragen Sie dies zehn Tage lang zweimal täglich auf die Narbe auf. Massieren Sie die Narbe sanft der Länge nach, um die Durchblutung und die Zellerneuerung in dem betroffenen Bereich anzuregen.

JUCKREIZ (GANZER KÖRPER)

- Mischen Sie 3 ml **Lavendelöl**, 1 ml **Pfefferminzöl** und 2 TL infundiertes **Calendula-Öl** in einer kleinen Flasche. Tragen Sie 3 bis 8 Tropfen der Lösung (je nach Größe der zu behandelnden Hautpartie) viermal täglich auf, bis die Symptome verschwinden.

EKZEME

- Mischen Sie 10 Tropfen **Teebaumöl** und 10 Tropfen **Lavendelöl** mit 1 EL **Basis-Badeöl**. In das Badewasser geben und 20 Minuten lang ein wohltuendes Bad nehmen.

ROSAZEA

- Mischen Sie 50 ml **Tamanuöl** (Calophyllum) und 10 Tropfen **Zitronenöl**. Reinigen Sie abends gründlich Ihr Gesicht und massieren Sie die Lösung dann leicht ein. Eine halbe Stunde lang einziehen lassen, dann mit Zitronenwasser (1 Teil Zitronensaft auf 10 Teile Wasser) reinigen. Anschließend die Nachtcreme auftragen.

DRUCKGESCHWÜR

- **Vorbeugung:** 50 Tropfen **Lavendelöl** in 250 ml **Apfelessig** geben. Die Mischung mit einem weichen Tuch dreimal täglich auf die anfälligen Stellen auftragen.
- **Behandlung:** Mischen Sie 6 ml **Lavendelöl** mit 4 ml **Wildrosenöl** in einer kleinen Flasche. Tragen Sie viermal täglich 6 Tropfen auf die betroffenen Stellen auf und lassen Sie so oft wie möglich und so lange wie möglich Luft an die Wunde kommen.

FIEBERBLÄSCHEN/LIPPENHERPES

- Tragen Sie mit der Fingerspitze **Teebaumöl** pur auf die betroffene Stelle auf, zunächst zwei Tage lang sechs- bis achtmal täglich, dann dreimal täglich, bis die Stelle abgeheilt ist.

IMPETIGO/EITERFLECHTE

- Tragen Sie 1 Tropfen **Teebaumöl** auf die infizierte Stelle auf, acht bis zehn Tage lang dreimal täglich.

SPRÖDE, RISSIGE LIPPEN

- Mischen Sie 1 ml **Lavendelöl** und 4 ml **Wildrosenöl** in einem Fläschchen. Zwei- bis dreimal täglich 2 Tropfen auf die Lippen auftragen, bis die Risse abgeheilt sind.

EINGEWACHSENER ZEHENNAGEL

- Baden Sie Ihre Füße in heißem Wasser. Mischen Sie 1 TL **Olivenöl** und 3 Tropfen **Teebaumöl**, geben Sie die Mischung auf einen Wattebausch und umwickeln Sie damit den betroffenen Nagel. Ziehen Sie eine Socke darüber und lassen Sie sie die ganze Nacht an.

FUSSPILZ

- Mischen Sie 4 Tropfen **Teebaumöl** und 3 Tropfen **Lavendelöl** mit 1 TL **Basis-Badeöl**. In eine Schüssel mit heißem Wasser geben, Füße darin 20 Minuten lang baden, gründlich abtrocknen.
- Mischen Sie 2 ml **Teebaumöl** mit 3 ml **Jojobaöl**. Nach dem Baden oder Duschen die Füße stets sorgfältig abtrocknen und dann einige Tropfen auf die betroffenen Stellen auftragen.

INSEKTENSTICHE UND -BISSE

- Tragen Sie schnellstmöglich 1 Tropfen **Lavendelöl** auf die Stelle auf, dreimal täglich anwenden.

KOPFLÄUSE

- **Vorbeugung** (bei einem Ausbruch): 10 Tropfen **Lavendelöl** in eine Flasche (250 ml) Shampoo geben und die Haare damit wie gewohnt waschen.
- **Behandlung:** Mischen Sie 5 Tropfen **Teebaumöl** und 10 Tropfen **Lavendelöl**. Tränken Sie abends damit eine Kompresse, mit der Sie die Kopfhaut massieren, ziehen Sie dann über Nacht eine Duschhaube an. Wiederholen Sie dies drei Tage lang und erneut nach einer Woche.

ZECKEN

- Geben Sie 3 Tropfen **Teebaumöl** auf die betroffene Stelle. Warten Sie 5 Minuten, entfernen Sie dann die Zecke mit einem Zeckenentferner (in Apotheken oder im Internet erhältlich) und desinfizieren Sie die Wunde mit 1 Tropfen **Teebaumöl**. Behalten Sie die Stelle im Auge.

WARZEN

- Tragen Sie 1 Tropfen **Teebaumöl** direkt auf die Warze auf und kleben Sie ein kleines Pflaster darüber. Wiederholen Sie dies jeden Tag, bis die Warze verschwindet.

ANTISEPTIKA: Warum ätherische Öle herkömmlichen Mitteln vorzuziehen sind

- **Ätherische Öle** Besitzen stark antibakterielle sowie heilende Inhaltsstoffe.

- **Isopropylalkohol 90 %** Brennt auf der Haut, reizt und trocknet sie aus.
- **Kampfergeist** Kampfer ist potenziell giftig, wirkt reizend und eignet sich deshalb nicht zur Wundreinigung.
- **Jodtinktur** Hat eine stark antiseptische Wirkung und heilt Wunden schnell. Herkömmliche Jodpräparate brennen jedoch oft auf der Haut, trocknen sie aus und hinterlassen Flecken.
- **Wasserstoffperoxid** Wirkt gut, kann aber gesunde Zellen zerstören, was die Heilung verlangsamen kann. Wenden Sie es niemals auf Umschlägen an, die lange auf der Haut bleiben sollen.
- **Eosinlösung** Seine starke Wirkung wird meist zum Austrocknen von Wunden verwendet.
- **Äther** Hat keine antiseptische Wirkung und seine Dämpfe sind giftig.

* Die Verfügbarkeit der oben genannten Produkte kann von Land zu Land unterschiedlich sein.

VERDAUUNGSSYSTEM

REISEKRANKHEIT

- * Träufeln Sie 1 Tropfen **Zitronenöl** und 1 Tropfen **Pfefferminzöl** auf einen Würfelzucker. Lassen Sie diesen im Mund zergehen. Wiederholen Sie dies so oft wie nötig.
- Mischen Sie 3 ml **Zitronenöl** und 2 ml **Pfefferminzöl** in einer kleinen Flasche. Massieren Sie vor einer Flug-, Land- oder Seereise Ihre Stirn mit 2 Tropfen der Lösung, wiederholen Sie dies während der Reise.

BLÄHUNGEN

- * Träufeln Sie 2 Tropfen **Pfefferminzöl** unter die Zunge und lassen Sie es im Mund zergehen, dreimal täglich.
- Massieren Sie mit 2 Tropfen **Lavendelöl** dreimal täglich Ihre untere Magenpartie.

SODBRENNEN

- Mischen Sie 1 Tropfen **Pfefferminzöl** und 1 Tropfen **Zitronenöl** mit 1 TL **Honig** und nehmen Sie dies nach einer Mahlzeit ein, wann immer es nötig ist.
- Mischen Sie 2 Tropfen **Pfefferminzöl** und 10 Tropfen infundiertes **Calendula-Öl**. Massieren Sie damit Ihren Magen mehrere Tage lang nach jeder Mahlzeit.

APPETITLOSIGKEIT

- * Mischen Sie 2 Tropfen **Pfefferminzöl** in 1 TL **Honig**. Vor den Mahlzeiten einnehmen, etwa 20 Tage lang.

GALLENKOLIK (LEBERPROBLEME UND ÜBELKEIT)

- 2 Tropfen **Pfefferminzöl** in ½ TL **Honig** mischen und nach den Mahlzeiten einnehmen, drei Tage lang, dreimal täglich.

DURCHFALL

- Massieren Sie mit 2 Tropfen **Teebaumöl** Ihren Bauch, zwei Tage lang, drei- bis fünfmal täglich.

LANGSAME VERDAUUNG

- * Mischen Sie 1 Tropfen **Zitronenöl** und 1 Tropfen **Pfefferminzöl** in 1 TL **Honig**. In ein heißes Getränk geben und einige Tage lang nach jeder Mahlzeit trinken.

BLÄHUNGEN

- Massieren Sie Ihren Bauch mit 2 Tropfen **Lavendelöl** ein- bis zweimal täglich im Uhrzeigersinn.

GASTROENTERITIS/MAGEN-DARM-GRIPPE

- * Träufeln Sie 1 Tropfen **Pfefferminzöl** zwischen den Mahlzeiten unter die Zunge, erst drei Tage lang viermal täglich, danach zwei Tage lang dreimal täglich.

KATER

- Träufeln Sie 2 Tropfen **Pfefferminzöl** auf ein Taschentuch und atmen Sie es tief ein.
- * Geben Sie den Saft ½ **Zitrone** in eine Tasse. Mit warmem Wasser auffüllen, 1 Tropfen **Zitronenöl** und 1 TL **Honig** vermischen und hinzufügen. Die Mischung trinken.

VIRALE HEPATITIS

- * Verdünnen Sie 2 Tropfen **Pfefferminzöl** in ½ TL **Honig** und lassen Sie die Mischung im Mund zergehen, etwa 20 Tage lang, dreimal täglich.

VERDAUUNGSBESCHWERDEN

- * Träufeln Sie 2 Tropfen **Pfefferminzöl** auf eine neutrale Tablette (im Internet erhältlich) oder 1 TL **Honig**. Im Mund zergehen lassen, dreimal innerhalb von 24 Stunden.

LEBERSCHWÄCHE

- * Verdünnen Sie 1 Tropfen **Zitronenöl**, 1 Tropfen **Pfefferminzöl** und 1 TL **Honig**. Nehmen Sie die Mischung nach einer Mahlzeit ein.

NACH DER PARTYNACHT

- Verdünnen Sie 2 Tropfen **Pfefferminzöl** mit ½ TL **Honig** und lassen Sie dies im Mund zergehen. Bei Bedarf so oft wie nötig wiederholen.

PILZINFEKTION IM VERDAUUNGSTRAKT (CANDIDIASIS)

- * Träufeln Sie 2 Tropfen **Teebaumöl** auf eine neutrale Tablette (im Internet erhältlich) oder auf 1 TL **Honig**. Im Mund zergehen lassen, 20 Tage lang viermal täglich wiederholen.

ÜBELKEIT

- Träufeln Sie 2 Tropfen **Pfefferminzöl** auf ein Taschentuch und atmen Sie den Duft ein. Beliebig oft anwenden.
- * Träufeln Sie 1 Tropfen **Pfefferminzöl** auf eine neutrale Tablette (im Internet erhältlich) oder auf 1 TL **Honig**. Mehrmals täglich einnehmen, bis die Symptome abklingen.

BAUCHKRÄMPFE

- 2 Tropfen **Lavendelöl** auf den Unterbauch geben und sanft massieren, dreimal täglich.

MAGENGESCHWÜRE

- * Mischen Sie 2 Tropfen **Pfefferminzöl** in ½ TL **Honig** und lassen Sie die Mischung im Mund zergehen. Zweimal täglich anwenden.

UROGENITALSYSTEM

BLASENENTZÜNDUNG

- * Träufeln Sie 2 Tropfen **Teebaumöl** auf 1 TL **Honig** und lassen Sie dies im Mund zergehen, drei Tage lang, viermal täglich.

VAGINALER JUCKREIZ

- Mischen Sie 2 Tropfen **Teebaumöl** und 4 Tropfen infundiertes **Ringelblumenöl**. Mit der Fingerspitze auf die betroffene Stelle auftragen.

FRUCHTBARKEIT (FÖRDERN)

- Inhalieren Sie den Duft von **Damaszener-Rosenöl** direkt aus der Flasche, drei- bis viermal täglich.
- Massieren Sie sich gegenseitig mit 3 Tropfen **Damaszener-Rosenöl** Solarplexus und Wirbelsäule – am besten abends, wenn Sie sich völlig entspannen und Ihre sexuelle Beziehung genießen können. Führen Sie dies bei Bedarf über mehrere Wochen fort.

VERRINGERTE LIBIDO

- Inhalieren Sie den Duft von **Damaszener-Rosenöl** direkt aus der Flasche.

MENOPAUSE

- Massieren Sie bei Hitzewallungen Ihre Stirn und Ihren Nacken mit 1 Tropfen **Lavendelöl**.

PILZINFEKTION

- * Mischen Sie 2 Tropfen **Teebaumöl** mit 1 TL **Honig** und nehmen Sie dies fünf bis sieben Tage lang dreimal täglich ein.
- Tragen Sie 2 Tropfen **Teebaumöl** auf den unteren Bauchbereich und den unteren Rücken auf, fünf bis sieben Tage lang, viermal täglich.
- Mischen Sie 1 Tropfen **Teebaumöl** mit 5 Tropfen infundiertem **Johanniskrautöl**. Mit der Fingerspitze auf die Vagina auftragen.

WEISSER AUSFLUSS

- Mischen Sie 20 Tropfen **Lavendelöl** mit ½ TL Dispergiermittel oder Lösungsvermittler und anschließend mit 1 l warmem Wasser. Verwenden Sie die Mischung morgens und abends beim Waschen für Vaginalduschen.

REGELSCHMERZEN

- * Träufeln Sie 1 Tropfen **Pfefferminzöl** unter die Zunge, wiederholen Sie dies bei Bedarf.

EIN FRISCH DUFTENDES ZUHAUSE

Zitrone, Pfefferminze, Teebaum, Rosmarin, Lavendel und Damaszener Rose – unsere sechs Wohlfühlfeen haben antibakterielle Eigenschaften und duften herrlich. Deshalb wirken sie auch im Haushalt Wunder: Der Kühlschrank erinnert beim Öffnen an ein Lavendelfeld, das Badezimmer duftet zitronig-frisch und beim Bügeln verströmt das heiße Eisen den süßen rosigen Wohlgeruch von orientalischem Lokum. Mit diesen Ölen wird die Hausarbeit zum Vergnügen, und im Gegensatz zu synthetischen Putzmitteln sorgen sie für ein sauberes, duftendes Zuhause, ohne der Umwelt zu schaden. Die Rezepturen, die schon von unseren Urgroßmüttern geschätzt und seit Generationen weitergegeben wurden, sind genauso einfach wie kommerzielle Produkte zu gebrauchen. In ihnen stecken natürliche Zutaten – wie Natron, weißer Essig, schwarze oder Marseiller Seife –, die in unserer zunehmend umweltbewussten Zeit eine Renaissance erleben.

KÜCHE

MIRACLE-FETTLÖSER

Zutaten:
1 Liter heißes Wasser
150 g schwarze **Flüssigseife** (online erhältlich)
30 Tropfen **Zitronenöl**

Die schwarze Seife unter Rühren in dem heißen Wasser auflösen. Abkühlen lassen, dann das Zitronenöl hinzufügen.

Backbleche, Backofen, Dunstabzugshaube – mit dieser Mischung nehmen Sie alle fettigen Oberflächen in der Küche in Angriff. Einfach Schwamm oder Mikrofasertuch damit tränken, auswringen, und los geht's. Am besten bewahren Sie den Miracle-Fettlöser in einer Sprühflasche auf, so dass er immer einsatzbereit ist.

REINIGENDER LUFTERFRISCHER

Braten, Frittieren, Grillen – köstlich! Aber die Gerüche, die nach dem Geschirrabräumen noch in der Luft hängen, sind weniger appetitlich und können ziemlich unangenehm werden. Geben Sie 10 Tropfen **Lavendelöl** und 10 Tropfen **Zitronenöl** in einen Diffusor und lassen Sie sie 20 Minuten zerstäuben – während Sie einen wohltuenden kleinen Verdauungsspaziergang machen.

LUFTERFRISCHER 2

Ein Diffusor funktioniert am besten, um mit ätherischen Ölen einen Raum zu erfrischen, vor allem, wenn Erkältungen, Grippe und Co. im Anmarsch sind. Alternativ können Sie auch eine Sprühflasche (300 ml) verwenden, in die Sie 250 ml Quellwasser und 20 Tropfen **Zitronenöl** geben. Vor dem Sprayen gut schütteln.

SCHWÄMME

Schwämme sind ein Paradies für Bakterien und schlechte Gerüche. Bevor Sie sie mit aggressiver Bleiche traktieren oder vorschnell wegwerfen: Füllen Sie eine Schüssel zu drei Vierteln mit Wasser, fügen Sie 3 Tropfen **Zitronenöl** hinzu und weichen Sie die Schwämme darin ein. Wringen Sie sie aus und legen Sie sie 30 Sekunden lang bei höchster Stufe in die Mikrowelle.

DICHTUNGEN

Die Türdichtungen von Kühlschränken, Waschmaschinen und Geschirrspülern schützt **Teebaumöl**, mit dem Sie auch Schimmelflecken behandeln oder verhindern können. Geben Sie ein paar Tropfen auf einen Schwamm und wischen Sie damit über die Dichtungen. Ein paar Minuten einwirken lassen und dann mit kaltem Wasser abspülen.

SPÜLMASCHINE

Soll man Spülmaschinen auswaschen? Nein, aber man sollte störende Gerüche verhindern – mit 40 Tropfen **Rosmarin-Cineol-Öl** und weißem **Essig** in einer Sprühflasche (200 ml). Die Maschine zweimal pro Woche aussprühen, vor Gebrauch schütteln.

SUPERSPARSAMES SPÜLMITTEL

Geben Sie mit einem kleinen Trichter 8 EL schwarze **Flüssigseife**, 1 EL **Natron**, 1 EL weißen **Essig** und 20 Tropfen **Zitronenöl** in eine saubere, leere Spülmittelflasche (500 ml), zum Vermischen kräftig schütteln. Von diesem sehr konzentrierten Spülmittel brauchen Sie nur einen Spritzer, um das Geschirr einer Vier-Personen-Mahlzeit abzuwaschen. Die Flasche vor jedem Gebrauch gut schütteln!

MIKROWELLENOFEN

Geben Sie 3 Tropfen **Pfefferminzöl** oder **Zitronenöl** in eine Schüssel mit Wasser. In den Mikrowellenofen stellen, 2 bis 3 Minuten auf höchster Stufe erhitzen, dann weitere 10 Minuten im Ofen lassen, um sicherzugehen, dass die verschiedenen Essensgerüche verschwinden. Mit der gleichen Mischung können Sie den Garraum reinigen: Auf einen Schwamm geben und auswischen.

VORRATSMOTTEN

Sie tauchen zu jeder Jahreszeit und in der Regel nachts auf – doch wenn man die hellen, trägen, kleinen Motten entdeckt, ist der Schaden bereits angerichtet: Dann haben sie ihre Eier schon überall abgelegt, z. B. in Getreide, Mehl und Reis, wovon sich ihre Larven ernähren. Nun heißt es alles auszusortieren, befallene Lebensmittel wegzuwerfen und unberührte in verschlossenen Gläsern aufzubewahren. Dann sollten Sie die Schrankbretter absaugen und mit dieser Mischung reinigen: 1 Glas weißer **Essig** und 5 Tropfen **Pfefferminzöl** in einer Schüssel heißem Wasser.

SCHIMMEL

Es beginnt mit einem feuchten Film auf Oberflächen, der sich schwarz färbt. Schimmel wächst fast überall, z. B. an Wänden, in Ecken oder an Duschvorhängen. Beugen Sie ihm vor oder beseitigen Sie ihn mit Ihren treuen Verbündeten. Geben Sie 300 ml heißes Wasser, 100 ml weißen **Essig** und 5 Tropfen **Teebaumöl** in eine Sprühflasche. Zum Vermischen schütteln, dann die betroffenen Stellen besprühen, mit einem frischen Schwamm abwaschen, mit einem sauberen Tuch trocknen und dann erneut leicht besprühen.

MÜLLEIMER

Träufeln Sie 4 Tropfen **Zitronenöl** auf Watte oder Küchenpapier. Das legen Sie in den Mülleimer unter die Mülltüte. Damit schlagen Sie zwei Fliegen mit einer Klappe: Das Zitronenöl bekämpft sowohl Bakterien als auch unangenehme Gerüche.

KÜHLSCHRANK

Geben Sie 500 ml heißes Wasser, 500 ml weißen **Essig** und 3 Tropfen ätherisches **Zitronenöl** in eine Schüssel. Mit dieser Mischung reinigen Sie mit einem Schwamm oder einem Mikrofasertuch gründlich alle Ablagen und Fächer. Lassen Sie die Tür offen, damit alles trocknen kann.
Geben Sie anschließend 2 Tropfen Zitronenöl auf einen porösen Stein (z. B. Bimsstein), den Sie in ein Fach der Kühlschranktür legen. Um den frischen Geruch zu erhalten, beträufeln Sie ihn regelmäßig mit dem ätherischen Öl.

DAMPFENDE TÜCHER MIT ROSMARINDUFT

Ein stilvoller und hochwillkommener Abschluss für ein asiatisches Essen oder einer Mahlzeit mit Muscheln und anderen Meeresfrüchten: heiße, dampfende Tücher zum Säubern der Hände. Vermischen Sie 250 ml **Rosenhydrolat** und 250 ml **Quellwasser** in einer Schüssel. Tauchen Sie darin kleine quadratische Frotteetücher (im Internet erhältlich) ein und wringen Sie sie aus. Geben Sie dann ein wenig von der Mischung in einen Dampfgarer und fügen Sie 6 Tropfen **Rosmarin-Cineol-Öl** hinzu. Falten und rollen Sie die Stoffquadrate fest zusammen, legen Sie sie in den oberen Teil des Dampfgarers und erhitzen Sie sie 5 Minuten lang. Nehmen Sie die zusammengerollten Tücher mit einer Zange heraus und bringen Sie sofort auf einem kleinen Tablett zum Tisch.

FLÜSSIGE SEIFE

Bekanntermaßen vertreibt Zitrone erfolgreich den Geruch von Fisch oder Knoblauch. Diese großartige Seife verbindet die desodorierende Wirkung der Zitrone mit dem Duft des Lavendels. Geben Sie dazu 100 ml neutrale **Flüssigseife**, 15 Tropfen **Zitronenöl** und 15 Tropfen **Lavendelöl** in eine Sprühflasche. Zum Mischen gut schütteln.

BODENREINIGER

Eine überzeugende Lösung: Ein 2-in-1-Putzmittel, das Böden desinfiziert und einen sanften Lavendelduft hinterlässt. Geben Sie 1 EL schwarze **Flüssigseife**, 2 Tropfen **Zitronenöl** und 2 Tropfen **Teebaumöl** in einen Eimer mit sehr heißem Wasser. Verwenden Sie am besten einen Mikrofasermop mit einem Eimer samt Auswringaufsatz, damit Sie Ihre Hände nicht in das Putzwasser stecken müssen und keine unschönen Rückstände zurückbleiben.

DUFTENDE UNTERSETZER

Ohne gleich zur leidenschaftlichen Untersetzer-Sammlerin zu werden, können Sie doch einige hübsche oder alte Bierdeckel besorgen, um Ihren Kaffeetisch zu schützen. Nach Belieben geben Sie zur Tee- oder Kaffeezeit auf jeden Untersetzer 1 Tropfen **Zitronenöl**. Wenn Sie ein heißes Getränk daraufstellen, verströmen sie zarten Zitronenduft.

WÄSCHE

MIRACLE-WASCHMITTEL

Zutaten:
3 l Wasser
150 g **Marseiller Seife**
10 Tropfen **Teebaumöl**

Raspeln Sie die Seife und geben Sie sie in einen großen, sauberen, leeren Behälter. Fügen Sie 3 l kochendes Wasser hinzu. Schütteln Sie den Behälter kräftig, um die Seife aufzulösen, und träufeln Sie dann das Teebaumöl hinzu.
Schütteln Sie den Behälter vor jedem Gebrauch und geben Sie dann 200 ml in das Waschmittelfach Ihrer Waschmaschine. Dieses 100 % natürliche, selbstgemachte Waschmittel schützt Ihre Wäsche vor Keimen und duftet sauber und frisch. Es ist auch für Allergiker hervorragend geeignet und funktioniert auch bei niedrigen Waschtemperaturen.

SUPERSOFTER WEICHSPÜLER

Mischen Sie 500 ml weißen **Essig** und 1 TL **Lavendelöl** in einer stabilen, verschließbaren Plastik- oder Glasflasche. Beschriften Sie die Flasche deutlich auf der Außenseite, damit der Inhalt nicht verwechselt wird. Vor dem Waschen schütteln Sie die Flasche gut und geben etwa 100 ml Weichspüler in das Waschmittelfach Ihrer Waschmaschine. Schütteln Sie die Flasche immer vor Gebrauch.

Der Essig hält Ihre Wäsche weich und frisch und entfernt Kalkspuren, die Textilien rau machen können. Er hellt zudem weiße Stoffe auf, entfernt Schweißflecken und Gerüche. Darüber hinaus verlängert er die Lebensdauer Ihrer Waschmaschine, indem er bei jeder Wäsche Kalkablagerungen entfernt. Verwenden Sie Ihr ätherisches Lieblingsöl – jedes duftet unvergleichlich besser als selbst die besten synthetischen Produkte.

BÜGELWASSER

Geben Sie 3 Tropfen **Lavendelöl**, **Pfefferminzöl** oder **Damaszener-Rosenöl** in das Wasser Ihres Dampfbügeleisens. Da ätherische Öle nicht fetten, hinterlassen Sie keine Flecken auf Textilien. Allerdings sollten Sie sie vielleicht nicht beim Bügeln von Hemden und Blusen verwenden, damit ihr Duft nicht den Ihres Parfüms beeinträchtigt.

TROCKNERTÜCHER

Beträufeln Sie ein ein Tuch, eine Serviette oder Socke aus der Wäscheladung, die Sie im Trockner trocknen möchten, mit 10 Tropfen **Lavendelöl**. Der Duft verteilt sich beim Trocknen auf die ganze Wäsche, ohne dass das Öl Flecken hinterlässt oder sie beschädigt. Zudem ist diese Methode weitaus nachhaltiger, als nicht-recycelbare kommerzielle Trocknertücher zu verwenden!

BADEZIMMER

MIRACLE-SCHEUERPASTE

Zutaten:
8 EL **Natron**
4 EL **Zitronensaft**
8 Tropfen **Zitronenöl**

Mischen Sie Natron und Zitronensaft in einer Schüssel zu einer Paste (das starke Schäumen ist normal) und dann das Zitronenöl unter. Füllen Sie die Paste in ein verschließbares Gefäß.
Geben Sie etwas Scheuerpaste auf einen feuchten Schwamm oder ein Mikrofasertuch und reiben Sie die verschmutzten Stellen damit ab. Spülen Sie mit klarem Wasser nach, damit keine weißen Flecken vom Natron bleiben. Mit der Paste können Sie alle Oberflächen im Bad putzen: Wanne, Fliesen, Waschbecken, Armaturen und Duschwände.

HAARBÜRSTEN, KÄMME, SCHMINKPINSEL

Sie müssen einmal im Monat gereinigt werden – vermischen Sie dazu 4 EL **Natron** in 1 l heißem Wasser und fügen Sie 10 Tropfen **Teebaumöl** hinzu. In dieser Mischung weichen Sie Ihre Kämme, Haarbürsten, Schminkpinsel und Schwämme 1 Stunde ein. Um alle Haare zu entfernen, reiben Sie die Bürsten und Kämme gegeneinander. Zum Schluss mit kaltem Wasser abspülen.

ABFLUSSREINIGER

Läuft das Wasser zu langsam ab, und steigen unangenehme Gerüche aus dem Waschbecken auf? Dann ist es an der Zeit, sich um die Rohre zu kümmern. Mischen Sie 200 g **Kochsalz** mit 200 g **Natron** und gießen Sie das Ganze in den Abfluss von Spül- oder Waschbecken. Geben Sie dann 1 Glas erwärmten weißen **Essig** darüber – atmen Sie dabei den Dampf des schäumenden Essigs nicht ein! Über Nacht einwirken lassen und am nächsten Tag eine Mischung aus 1 l kochendem Wasser und 10 Tropfen Zitronenöl nachgießen.

DUSCHKOPF

Füllen Sie 500 ml weißen **Essig** in eine Plastiktüte und fügen Sie 10 Tropfen **Zitronenöl** hinzu. Befestigen Sie die Tüte am Duschkopf und lassen Sie vorsichtig so viel heißes Wasser einlaufen, dass es nicht überläuft. Dann lassen Sie den Duschkopf mindestens 2 Stunden in der Lösung, damit der Essig den Kalk lösen und das Zitronenöl seine reinigende Wirkung entfalten kann.

DUSCHVORHANG

Duschvorhänge sind ein Paradies für Schimmel. Dort vermischt er sich mit Seifenresten und kann so überhandnehmen, dass sie den Vorhang irgendwann wegwerfen müssen. Alternative: Sie retten ihn mit dieser cleveren Lösung: Geben Sie 5 EL **Natron** und 10 Tropfen **Teebaumöl** in 1 l heißes Wasser. Tränken Sie einen sauberen Schwamm mit der Mischung und reiben Sie damit die betroffenen Stellen kräftig ab. Mit lauwarmem Wasser abspülen.

ARMATUREN

Mischen Sie 25 g weißes **Tonerdepulver** mit 150 ml **Miracle-Waschmittel** (siehe S. 104) und 30 Tropfen **Zitronenöl**. Füllen Sie die Masse in eine Metalldose und lassen Sie sie eine Woche lang unbedeckt trocknen. Wenn sie fest geworden ist, ist sie gebrauchsfertig: Reiben Sie mit einem feuchten Schwamm darüber und polieren Sie damit Ihre Armaturen. Lassen Sie die Dose danach offenstehen, bis die Masse wieder zu einem festen Block getrocknet ist.

TOILETTE

MIRACLE-TOILETTENSPRAY

Zutaten:
500 ml weißer **Essig**
15 Tropfen **Zitronenöl**

Füllen Sie die Zutaten in eine Sprühflasche (500 ml) und schütteln Sie sie gut, um sie zu vermischen. Die beiden sind ein gutes Team: Der weiße Essig beseitigt Kalkablagerungen, in denen sich Bakterien und Gerüche ansammeln, das Zitronenöl verstärkt den Effekt mit seinen antiseptischen, antibakteriellen und lufterfrischenden Eigenschaften.

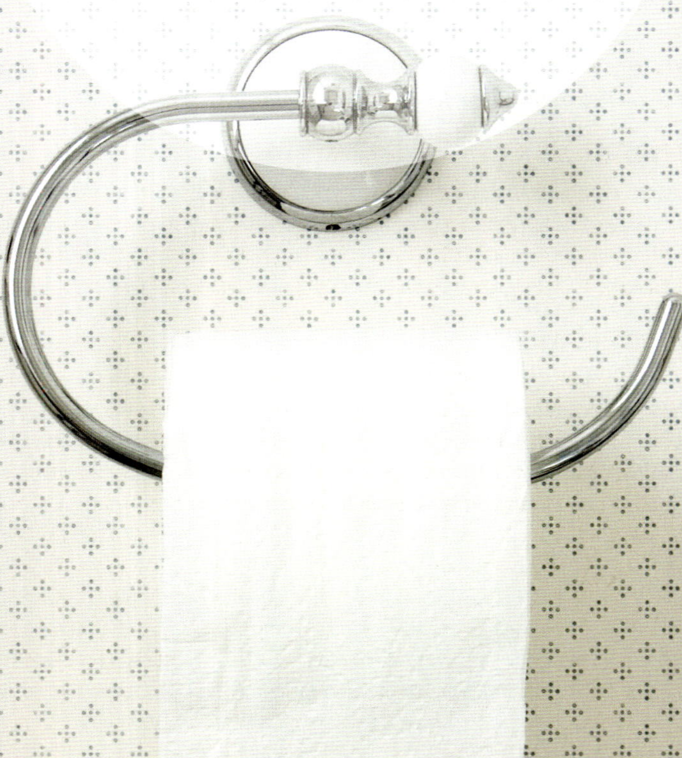

LUFTERFRISCHER

Lieber Alpen oder doch die Provence? Mit diesem Rezept können Sie Ihre Lieblingsumgebung schaffen, indem Sie nach Belieben **Lavendel-**, **Rosmarin-**, **Pfefferminz-** oder **Zitronenöl** verwenden. Mischen Sie dazu ½ TL ätherisches Öl mit 2 EL **Isopropylalkohol** 70 %. Füllen Sie das Ganze in eine Sprühflasche (300 ml), fügen Sie 200 ml **Quellwasser** hinzu und schütteln Sie die Flasche kräftig. Bewahren Sie das Spray außerhalb der Reichweite von Kleinkindern auf.

KALKENTFERNER

Dies ist vielleicht das cleverste unserer Haushaltsprodukte, denn es funktioniert ganz von selbst – man muss es nur einfach jeden Tag an den Rand der Toilettenschüssel sprühen. Füllen Sie hierfür 1 Glas weißen **Essig**, 2 EL schwarze **Flüssigseife**, ½ Glas **Natron** und 6 Tropfen **Rosmarin-Cineol-Öl** in eine Sprühflasche. Vor Gebrauch gut schütteln.

DESINFEKTIONSTÜCHER

Mischen Sie 100 ml weißen **Essig**, 1 EL **Spülmittel** und 100 ml **Quellwasser** in einer Schüssel. Fügen Sie 5 Tropfen **Teebaumöl** und 5 Tropfen **Zitronenöl** hinzu und verrühren Sie alles gründlich. Nehmen Sie 50 einzelne Blatt dickes Küchenpapier und falten Sie jedes einmal in der Mitte. Legen Sie sie in einen verschließbaren Plastikbeutel (oder eine Schachtel), gießen Sie die Mischung darüber und lassen Sie sie 2 Stunden in dem verschlossenen Behälter einziehen. Drehen Sie den Beutel von Zeit zu Zeit um, damit die Tücher gleichmäßig befeuchtet werden und den Duft des Öls aufnehmen. Werfen Sie die Tücher nach Gebrauch weg.

TÜRKLINKEN

Nehmen Sie einen alten Handschuh aus Baumwolle, Wolle oder einem anderen saugfähigen Material. Geben Sie 2 Tropfen **Zitronenöl** auf die Handfläche und 2 Tropfen auf die Finger des Handschuhs. Reinigen Sie die Türklinken regelmäßig mit diesem Desinfektionshandschuh.

KLEIDERSCHRÄNKE

MIRACLE-LUFTERFRISCHER

Zutaten:
40 Tropfen **Zitronenöl**
150 ml weißer **Essig**
250 ml Wasser

Geben Sie Zitronenöl, Essig und Wasser in eine saubere Sprühflasche und schütteln Sie sie gut. Sprühen Sie damit den ganzen Kleiderschrank aus, sprayen Sie auch alle Einlegeböden und Hängestangen. Bevor Sie die Schranktür schließen, wischen Sie die Unterseite der Tür mit einem in der Lösung getränkten Tuch ab. Wer danach den Schrank öffnet, wird mit frischem Zitronenduft begrüßt.

SCHUHDEO

Füllen Sie zwei Socken jeweils mit einer Mischung aus 1 EL **Natron** und 5 Tropfen **Lavendelöl** und stopfen Sie sie über Nacht in Ihre Schuhe – danach haben das Natron, das alle unangenehmen Gerüche beseitigt, und das reinigende Lavendelöl ganze Erfrischungsarbeit geleistet. Die duftenden Socken können beliebig lange in den Schuhen bleiben.

TEXTILERFRISCHER

Bringen Sie 1 l Wasser in einem Topf zum Kochen. Nehmen Sie den Topf vom Herd, geben Sie 10 Tropfen **Lavendelöl** hinzu und verrühren Sie es. Hängen Sie das aufzufrischende Kleidungsstück auf einem Bügel ca. 10 cm (Textilien aus empfindlichen Stoffen höher) über den Topf auf. Der aufsteigende Dampf verleiht dem Kleidungsstück einen angenehmen Lavendelduft.

DUFTSÄCKCHEN

Schneiden Sie aus einem Stoff einen Kreis mit ca. 25 cm Durchmesser aus. Träufeln Sie 2 Tropfen **Lavendelöl** auf ein rundes Wattepad, legen Sie es in die Mitte des Stoffkreises und bedecken Sie es dann mit 2 EL **Lavendelblüten** (frisch oder getrocknet). Klappen Sie den Stoff nach oben zu einem Säckchen zusammen und binden Sie es mit einem Band, Bast oder Faden zu. Legen Sie das Säckchen in eine Schublade oder hängen Sie es an einen Kleiderbügel.

SPORTTASCHE

In Ihrer Sporttasche spielen ganze Bakterienteams in ihrer eigenen Liga. Wenn möglich, sollten Sie sie mindestens einmal im Monat in der Maschine waschen. Geben Sie dazu eine Lösung aus 1 Glas weißen **Essig** und 10 Tropfen **Teebaumöl** in das Weichspülerfach. Wenn Sie die Tasche nicht in die Waschmaschine stecken können, sprühen Sie sie nach dem Sport immer mit dem Miracle-Lufterfrischer (siehe S. 110) ein.

SCHLAFZIMMER

MIRACLE-LUFTREINIGER

Zutaten:
500 ml warmes Wasser
1 TL **Natron**
5 Tropfen **Rosmarin-Cineol-Öl**

Füllen Sie das Wasser und das Natron in eine saubere Sprühflasche und schütteln Sie sie gut. Fügen Sie das Rosmarin-Cineol-Öl hinzu. Sprühen Sie großzügig, um Bakterien abzutöten und unangenehme Gerüche zu vertreiben.

KEIMFREIE BETTWÄSCHE – ANTI-GRIPPE-SPEZIALMITTEL

Die Gefahr einer Infektion oder der Verbreitung von Keimen durch Bettwäsche verhindert eine Desinfektionslösung aus 2 ml **Zitronenöl** und 1 ml **Rosmarin-Cineol-Öl**, die Sie folgendermaßen anwenden: Weichen Sie die Bettlaken, Kissenbezüge und Nachtwäsche eine halbe Stunde lang in warmem Wasser ein, dem Sie 10 Tropfen des Mittels zugeben. Dann waschen Sie die Wäsche wie üblich, geben jedoch 4 bis 5 Tropfen des Mittels in das Weichspülerfach. Bei Handwäsche geben Sie nur 2 Tropfen in die letzte Spülung.

BETTWÄSCHE

Studien zeigen, dass sich in Bettlaken unzählige Hausstaubmilben sowie andere garstige Mikroben einnisten können – doch dagegen findet sich Hilfe:

- Wechseln Sie Ihre Bettwäsche einmal pro Woche. Waschen Sie sie sehr heiß und geben Sie eine Mischung aus 1 Glas weißem **Essig** und 6 Tropfen **Teebaumöl** in das Weichspülerfach.
- Träufeln Sie 6 Tropfen **Zitronenöl** auf ein sauberes Tuch und geben Sie dieses zusammen mit der Bettwäsche in den Wäschetrockner.
- Besprühen Sie Bettlaken vor dem Bügeln mit einer Lösung aus 500 ml entionisiertem Wasser und 4 Tropfen **Lavendelöl**. Schütteln Sie die Flasche vor Gebrauch kräftig.

ANTI-MILBEN-MITTEL FÜR MATRATZEN

Im Kampf gegen Milben zücken Sie einmal im Monat diese wirksame Waffe: eine Sprühpistole mit einer Mischung aus frischem **Zitronensaft**, 1 EL **Lavendelöl** und 750 ml Wasser. Überraschen Sie die Milben gleich am Morgen, indem Sie beide Seiten der Matratze besprühen. Anschließend warten Sie bis zum Abend, bevor Sie das Bett neu beziehen.

GUTE-NACHT-KISSEN

Schon eine kleine Maßnahme kann Ihnen eine erholsame Nachtruhe bescheren. Träufeln Sie einfach 2 Tropfen **Lavendelöl** auf jedes Kissen, bevor Sie zu Bett gehen.

VALENTINSTAG-SPECIALS

Nach Rosen duftendes Briefpapier für Herzensgrüße Legen Sie 10 Briefbögen in einen Gefrierbeutel mit Zippverschluss. Träufeln Sie 10 Tropfen **Damaszener-Rosenöl** auf ein Stück Stoff, das Sie mehrmals falten, damit das Öl im Beutel nicht mit dem Papier in Berührung kommt. Verschließen Sie den Beutel und lassen Sie das Öl 48 Stunden seine Wirkung entfalten.

Minz-Schoko-Badebonbons für Zwei Schmelzen Sie 4 EL **Kakaobutter** im Wasserbad (siehe S. 32) und rühren Sie 2 EL **Mandelöl** unter. Nehmen Sie den Topf vom Herd und mischen Sie unter Rühren 20 Tropfen **Pfefferminzöl** unter. Gießen Sie die Mischung in herzförmige Formen und frieren Sie sie 3 Stunden lang ein. Anschließend nehmen Sie die Herzen heraus und wickeln sie in Seidenpapier. Wenn der magische Moment gekommen ist, wickeln Sie zwei aus und werfen sie in die Wanne. Im warmen Wasser schmelzen sie und verströmen süßen Duft.

KINDERZIMMER

MIRACLE-
2-IN-1-LUFTBEFEUCHTER

Zutaten:
3 EL **Rosenhydrolat**
3 Tropfen **Lavendelöl**
(oder 3 EL Orangenblütenhydrolat)
3 Tropfen **Zitronenöl**

Dieser universell einsetzbare Luftbefeuchter reinigt die Raumluft und verströmt einen angenehmen Duft, der auf keinen Fall an Desinfektionsmittel erinnert.

FÜR MÄDCHEN

Mischen Sie 3 EL **Rosenhydrolat** und 3 Tropfen **Lavendelöl** in einer Schüssel. Lassen Sie die Schüssel die ganze Nacht auf dem Heizkörper stehen.

FÜR JUNGS

Mischen Sie 3 EL **Orangenblütenhydrolat** und 3 Tropfen **Zitronenöl** in einer Schüssel. Lassen Sie die Schüssel die ganze Nacht auf dem Heizkörper stehen.

LUFTREINIGER

Geben Sie abends 10 Tropfen **Lavendelöl** in den Diffusor und lassen Sie es 1 Stunde lang zerstäuben, bevor das Kind ins Bett geht.

SPIELZEUG

Spielzeug, vor allem Kuscheltiere, können Sie nicht mit fragwürdigen Mitteln reinigen, weil sie Ihr Kind früher oder später in den Mund nimmt. Füllen Sie eine Badewanne mit heißem Wasser, fügen Sie 1 Glas **Marseiller Seifenflocken**, 1 Glas weißen **Essig** und 10 Tropfen **Zitronenöl** hinzu und rühren Sie das Wasser zum Vermischen gut mit der Hand um. Legen Sie die Spielsachen etwa 30 Minuten lang hinein und spülen Sie sie dann mit viel Wasser ab.

MATRATZE

Kleine Unfälle hinterlassen auf Matratzen schnell Spuren. **Natron** mit seinen feuchtigkeits- und geruchsbindenden Eigenschaften wirkt hier im Handumdrehen. Streuen Sie es großzügig über die ganze Matratze; Flecken reiben Sie mit einem feuchten, in Natron getauchten Tuch ab. Lassen Sie das Natron 2 Stunden lang einwirken und saugen Sie die Matratze dann sorgfältig ab. Zum antibakteriellen Schutz sprühen Sie dann ein paar Tropfen Lavendelöl auf die Matratze.

WOHNZIMMER

MIRACLE-TEPPICHREINIGER

Zutaten:
300 ml weißer **Essig**
3 EL **Natron**
10 Tropfen **Lavendelöl**
150 ml supersparsames **Spülmittel** (siehe S. 101)

Mischen Sie die Zutaten in einer Sprühflasche (500 ml). Wenn der Essig in Kontakt mit dem Natron kommt, beginnt die Mischung zu schäumen – geben Sie Acht, dass Sie die Dämpfe nicht einatmen. Testen Sie den Reiniger an einer verdeckten Stelle. Lassen Sie ihn hierfür 2 Stunden einwirken. Saugen Sie den Bereich, den Sie reinigen möchten, ab und besprühen Sie ihn dann leicht mit dem Reiniger. Bearbeiten Sie die Flecken mit einem sauberen Tuch, wobei Sie – nur ein wenig! – Reiniger hinzufügen. Lassen Sie den Teppich möglichst lange trocknen, bevor Sie ihn wieder betreten.

STAUBSAUGEN MIT DUFT

Träufeln Sie 10 Tropfen **Lavendelöl** auf einen Wattebausch und saugen Sie diesen mit dem Staubsauger auf. Auf diese Weise duftet der Staubsauger beim Saugen nach Lavendel – und nicht nach konzentriertem Staub. Statt Öl können Sie auch getrockneten oder frischen Lavendel verwenden. Einfach ein wenig auf den Boden streuen und aufsaugen.

LEDERNE UHRENARMBÄNDER REINIGEN

Warum beginnen Lederarmbänder nach nur zwei Monaten Tragen zu müffeln? Verantwortlich sind auch hier Bakterien. Sie lieben eine warme, feuchte Umgebung und dringen in das Leder ein. Mischen Sie 2 Tropfen **Zitronenöl** mit 1 TL **Körperlotion** (feuchtigkeitsspendend oder reinigend), geben Sie etwas davon auf ein Wattepad und reinigen Sie damit die Innenseite des Bands.

ZITRONENFRISCHER ASCHENBECHER

Ein kleiner Trick für das Reinigen von Aschenbechern: Bedecken Sie den Boden des Aschers mit **Salz** und fügen Sie 2 Tropfen **Zitronenöl** hinzu. Reiben Sie dann den Aschenbecher mit zerknülltem Küchenpapier aus und spülen Sie ihn mit heißem Wasser ab.

KIEFERNÖLPOLITUR

Kiefernölpolitur steht für gemütliche Sauberkeit und ist die Spitzenreiterin unter den heimeligen Düften. Unsere ätherischen Lieblingsöle besitzen alle Eigenschaften von pflegendem Möbelwachs und Kiefernöl (Terpentin) – aus Kiefernharz destilliertes Öl – schützt vor Schädlingen. Schmelzen Sie 250 g **Bienenwachs** in einem abgedeckten, hitzebeständigen Marmeladenglas im Wasserbad (siehe S. 32). Wenn das Wachs geschmolzen ist, nehmen Sie den Topf mit dem Glas vom Herd und stellen ihn ins Freie oder in einen gut belüfteten Raum. Lassen Sie das Glas im Wasserbad stehen, gießen Sie 250 ml **Kiefernöl** (Terpentin) auf das Wachs und erzeugen Sie durch stetes kräftiges Rühren eine Emulsion. Abkühlen lassen, dann 10 Tropfen **Lavendelöl** und 10 Tropfen **Zitronenöl** hinzugeben und gründlich einrühren. Mit der Politur die Möbel glänzend wachsen und das Glas nach Gebrauch fest verschließen.

DUFTSÄCKCHEN

Falten Sie ein 10 x 5 cm großes Stoffstück einmal rechts auf rechts. Nähen Sie die beiden Seiten ½ cm vom Rand entfernt zusammen und drehen die rechte Seite nach außen. Bügeln Sie das Säckchen und befüllen Sie es etwa zu drei Vierteln mit einer beliebigen Mischung aus Trockenblumen oder Blütenblättern. Verschließen Sie das Säckchen mit einem 16 cm langen Band, das Sie dreimal an der offenen Seite um das Säckchen wickeln und mit einem Doppelknoten verknoten. Eine schöne Option ist, mehrere Säckchen mit den verschiedenen, unten aufgeführten Füllungen herzustellen und in eine hübsche Glasschale oder eine dekorative Bonbon- oder Keksdose zu legen.

DREI AROMATISCHE FÜLLUNGEN

Wiesen-Duftsäckchen 1 Handvoll Lavendelblüten + 2 Tropfen Lavendelöl
Garten-Duftsäckchen 1 Handvoll Rosenknospen + 2 Tropfen Damaszener-Rosenöl.
Blumenkasten-Duftsäckchen 1 Handvoll gehackte Eisenkrautblätter + 2 Tropfen Pfefferminzöl.

LUFTERFRISCHER

Mischen Sie 200 ml Wasser, 200 ml **Isopropylalkohol** 60 % und 30 Tropfen **Lavendelöl** in einer Sprühflasche. Vor Gebrauch stets schütteln und jeden Morgen nach dem Lüften im Zimmer versprühen.

SCHNELLES POTPOURRI

Halbieren Sie 2 **Limetten** und 3 **Clementinen** (möglichst aus biologischem Anbau) und stecken Sie in jede Hälfte 3 Nelken. Legen Sie sie in eine hübsche Schale oder in ein leeres Goldfischglas und geben Sie 10 Tropfen **Zitronenöl** hinzu. Stellen Sie das Potpourri in die Sonne oder in die Nähe einer Wärmequelle, z. B. an einen Kamin oder Heizkörper.

VITAMINREICHER GLASREINIGER

Geben Sie 250 ml entionisiertes Wasser, 150 ml weißen **Essig** und 5 Tropfen **Zitronenöl** in eine Sprühflasche und schütteln Sie sie gut, um alles zu vermischen. Mit dieser Mischung können Sie wie mit einem handelsüblichen Glasreiniger Fenster und Co. mit einem sauberen Tuch oder Küchenpapier putzen. Dank der cleveren Rezeptur bleiben Fenster sauber und frei von Bakterien, und das Glas zieht weniger Staub an.

TROCKENREINIGER FÜR TEPPICHE

Krümel, Tierhaare, alles, was von draußen hereingebracht wird – Teppiche sind ein Paradies für Bakterien. Mit einem Trockenreiniger mit ätherischen Ölen können Sie sie in wenigen Stunden vollkommen säubern. Füllen Sie 200 g **Natron** und 40 Tropfen **Teebaumöl** in einen verschließbaren Plastikbehälter, schütteln Sie gut zum Vermischen und lassen Sie den verschlossenen Behälter 8 Stunden lang stehen, damit das Natron das Öl aufnehmen kann. Verteilen Sie das Pulver auf dem gesamten Teppich – wenn Sie besonders gründlich vorgehen möchten, falten Sie ihn zusammen und gehen darauf herum, um sicherzustellen, dass die Mischung die Fasern vollständig durchdringt. Das Natron absorbiert wie ein üblicher Trockenreiniger Fett und Gerüche, das ätherische Öl tötet Bakterien ab. Lassen Sie die Mischung 4 Stunden lang einwirken und saugen Sie den Teppich dann ab.

SPINNEN-ABSCHRECKMITTEL

Zuerst verscheuchen Sie die Spinnen aus ihren bevorzugten Verstecken, wie dem Badezimmer und Deckenecken. Dann träufeln Sie je 2 Tropfen **Lavendelöl** auf Wattebäusche und platzieren diese strategisch in Ihrer Wohnung.

FLIEGEN-ABSCHRECKMITTEL

Zum Glück hält Lavendelduft Fliegen ab. Geben Sie 200 ml Wasser und 10 Tropfen **Lavendelöl** in eine Sprühflasche. Schütteln Sie die Flasche gut und besprühen Sie dann die Oberseiten und Kanten von Fenstern und Türen. Damit halten Sie Fliegen fern.

GARTEN

MIRACLE-INSEKTENSCHUTZMITTEL

Zutaten:
7 Tropfen **Teebaumöl**
7 Tropfen **Lavendelöl**
3 Tropfen **Rosmarin-Cineol-Öl**

Im schlimmsten Fall sind die Blattläuse bereits eingefallen – im besten Fall noch nicht. Um sie abzuschrecken, ohne die Umwelt zu vergiften, beschützen Sie Ihre Pflanzen mit unseren Superstar-Ölen. Geben Sie 250 ml Wasser und die insgesamt 17 Öltropfen in eine Sprühflasche und schütteln Sie diese gut zum Vermischen. Besprühen Sie damit Blätter und Erde, schütteln Sie dabei die Flasche vor jedem Gebrauch. Zur Vorbeugung wenden Sie das Spray einmal pro Woche an, wenn Pflanzen mit Blattläusen befallen sind, dreimal täglich – bis die Eindringlinge verschwunden sind.

AMEISEN-ABSCHRECKUNGSMITTEL

Mit Ameisen ist nicht zu spaßen – schon eine kleine Kolonne kann Ihren Vorratsschrank restlos befallen. Wappnen Sie sich mit dieser hochwirksamer Waffe: Geben Sie 250 ml **Isopropylalkohol** 40 %, 5 Tropfen **Lavendelöl** und 10 Tropfen **Pfefferminzöl** in eine Sprühflasche und schütteln Sie sie gut zum Vermischen. Sprühen Sie diese Mischung einige Tage hintereinander mehrmals täglich auf die Ameisenstraße(n).

MÜCKEN-ABSCHRECKUNGSMITTEL

Mücken mögen weder **Lavendel** noch **Pfefferminze**, deshalb hält sie dieser Cocktail fern: Geben Sie beide Öle zu gleichen Teilen in einen Diffusor, lassen Sie sie 20 Minuten lang zerstäuben.

HOLZMÖBEL AUFFRISCHEN

Wenn hölzerne Gartenmöbel durch Regen stumpf und in der Sonne ausgetrocknet sind, frischt sie dieses vitaminreiche Mittel auf: Vermischen Sie den Saft einer frischen **Zitrone**, 1 TL **Olivenöl** und 5 Tropfen **Zitronenöl** in einer Schüssel. Tränken Sie ein Tuch mit der Lösung und wischen Sie damit den Gartentisch in Richtung der Maserung ab. Zum Schluss polieren Sie ihn mit einem Staubtuch glänzend. Wenn Ihnen das Ergebnis gefällt, nehmen Sie die Stühle in Angriff.

EINLADENDE FUSSMATTE

Eigentlich selbstverständlich: Fußmatten müssen gesäubert werden, damit sie effektiv Schmutz aus dem Haus fernhalten. Mischen Sie 200 g **Natron** und 20 Tropfen **Rosmarin-Cineol-Öl** in einer Schüssel. Verteilen Sie die Mischung auf der Fußmatte und reiben Sie sie mit den Füßen ein, damit sie in die Fasern eindringt. 20 Minuten lang einwirken lassen, anschließend mit einer harten Bürste kräftig bürsten und zum Schluss die Matte absaugen.

HAUSTIERE

MIRACLE-
ZECKEN- UND FLOHMITTEL

Zutaten (für Hunde):
2 Tropfen **Lavendelöl**
2 Tropfen **Pfefferminzöl**
2–4 TL **Olivenöl**

Hunde: Vermischen Sie die ätherischen Öle je nach Größe des Hundes gründlich mit 2 TL (große Hunde) bis zu 4 TL (kleinere Hunde) Olivenöl. Reiben Sie die Mischung in das Fell ein, sparen Sie dabei großzügig Augen, Schnauze, Maul und Genitalien aus. Oder Sie falten ein Tuch aus saugfähigem Stoff zu einem Halsband, träufeln einige Tropfen auf die Außenseite und binden es Ihrem Hund um.
Katzen: Katzen vertragen keine ätherischen Öle. Nehmen Sie sanfteres Lavendelhydrolat als Fellspray.
ACHTUNG Hunde und Katzen dürfen keine ätherischen Öle einnehmen!

REINIGUNGSBAD FÜR SPIELZEUG, GESCHIRR, KÄFIG UND CO.

Alle Utensilien Ihres Haustieres werden in diesem Bad sauber und geruchsfrei. Je nach Menge füllen Sie eine Schüssel oder eine Badewanne mit heißem Wasser und geben 4 EL **Natron** und 5 Tropfen **Teebaumöl** dazu. Alles eine halbe Stunde lang einweichen, dann abspülen.

ERSTE HILFE

Wenn Ihr Hund eine Schnittwunde oder eine Hautreizung hat, machen Sie sich keine Sorgen. **Lavendelöl** kann helfen und lindert auch Hautreizungen. Mischen Sie in einer Sprühflasche bis zu 30 Tropfen (weniger für kleinere Hunde) mit einer Tasse Wasser. Oder Sie mischen ein paar Tropfen Lavendelöl mit 1 TL **Olivenöl** und tragen dies auf die Wunde auf. Für Katzen sollten Sie hochwertiges **Lavendelhydrolat** verwenden, sie reagieren oft empfindlich auf ätherische Öle.

HUNDESCHRECK FÜR PFLANZEN

Kaum haben Sie Ihre neue Pflanze ausgepackt, schon steht Ihr Hund bereit, um sie zu taufen? Vermischen Sie 500 ml Wasser und 20 Tropfen **Lavendelöl** in einer Sprühflasche, schütteln Sie sie gut und besprühen Sie damit die Erde und den Blumentopf.

WENN ES SCHON PASSIERT IST …

Kleiner Unfall oder mit Absicht? Hunde markieren ihr Revier mit Urinspritzern, die eindeutig und hartnäckig in die Nase dringen. Geben Sie 2 TL **Natron** in eine mittelgroße Schüssel und füllen Sie zu ¾ mit weißem **Essig** auf. (Die Schüssel muss groß genug für das kurze Aufschäumen sein.) Mischen Sie 3 Tropfen **Lavendelöl** unter. Tränken Sie ein sauberes Tuch mit der Lösung, reiben Sie die betroffenen Stellen damit ab und waschen Sie sie dann mit warmem Wasser ab. Die Natronrückstände saugen Sie ggf. nach dem Trocknen ab.

FELLPFLEGE

Lassen Sie Ihren Hund an verschiedenen ätherischen Ölen schnuppern und geben Sie wenige Tropfen seines Lieblingsduftes in sein Hundeshampoo. Lassen Sie sich auch von Ihrer Katze über Hydrolate beraten, sprühen Sie vor dem Kämmen ein wenig von ihrem Lieblingsduft auf ihr Fell.

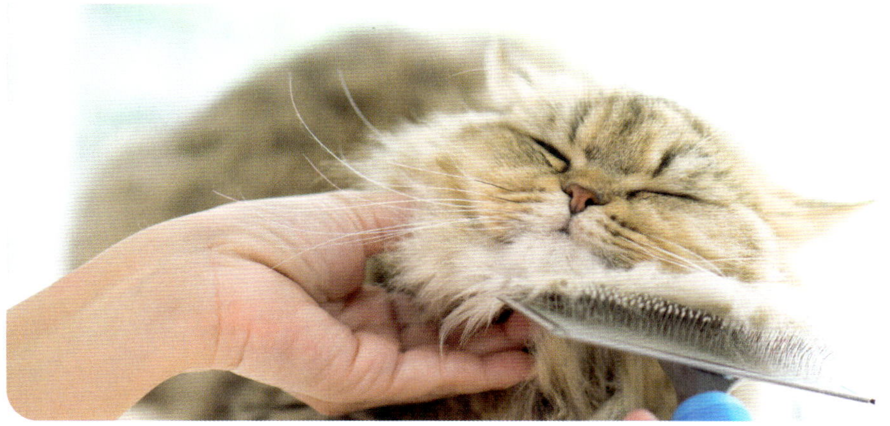

ZEHN WEITERE ÄTHERISCHE ÖLE

Nachdem Sie nun die Stärken unserer sechs unverzichtbaren ätherischen Lieblingsöle kennengelernt haben, möchten Sie vielleicht noch mehr entdecken. Im Folgenden stellen wir Ihnen zehn beliebte Öle mit ihren wichtigsten Eigenschaften und Anwendungen vor.

BERGAMOTTE *Citrus bergamia*

Haupteigenschaften: antibiotisch, schmerzlindernd, hautheilend, deodorierend, beruhigend, antidepressiv
Anwendung: Schmerzen, Fieber, Verdauungsprobleme, verschleimte Bronchien

BITTERORANGE (POMERANZE) *Citrus aurantium*

Haupteigenschaften: antidepressiv, antiseptisch, aphrodisierend, hautheilend, verdauungsfördernd, tonisierend
Anwendung: Depressionen und Schlaflosigkeit, Hautprobleme (einschließlich Narben, Dehnungsstreifen und reife Haut)

EUKALYPTUS *Eucalyptus globulus*

Haupteigenschaften: reinigend, entzündungshemmend, abschwellend, antibakteriell
Anwendung: Nase und Nebenhöhlen (abschwellend), Husten, Halsschmerzen, Gelenk- und Muskelschmerzen

INGWER *Zingiber officinale*

Haupteigenschaften: brechreizmindernd, verdauungsfördernd, schmerzlindernd, antiseptisch, blähungstreibend, stimulierend
Anwendung: Übelkeit, schlechte Konzentration, Niedergeschlagenheit und schlechte Laune, Stress, Angst, Erschöpfung

JASMIN *Jasminum grandiflorum*

Haupteigenschaften: antidepressiv, antiseptisch, aphrodisierend, krampflösend, beruhigend
Anwendung: Depressionen, trockene oder empfindliche Haut, Erschöpfung, Wehenschmerzen

MANDARINE *Citrus reticulata*

Haupteigenschaften: antiseptisch, krampflösend, verdauungsfördernd, psychisch entspannend, beruhigend, tonisierend
Anwendung: Akne und weitere Hautleiden, Narben, Schlaflosigkeit, Stress, Fältchen

MYRRHE *Commiphora myrrha*

Haupteigenschaften: entzündungshemmend, antiseptisch, adstringierend, schleimlösend
Anwendung: Verstopfung, Bronchitis, Halsschmerzen und Husten, Blähungen, Mund- und Zahnfleischerkrankungen

SANDELHOLZ *Santalum album*

Haupteigenschaften: adstringierend, antiseptisch, antiviral, entzündungshemmend, schleimlösend
Anwendung: Bronchitis und Kehlkopfentzündung, Stress und Depressionen, Harnwegsinfektionen, Haut

WALDKIEFER *Pinus sylvestris*

Haupteigenschaften: antibakteriell, abschwellend, harntreibend, stimulierend, antiviral, antimykotisch
Anwendung: Infektionen (Vorbeugung), Kreislauf, Muskelverspannungen

WEIHRAUCH *Boswellia carterii*

Haupteigenschaften: antiseptisch, adstringierend, antimikrobiell, immunstärkend
Anwendung: Stress und Ängste, Bronchitis und starker Husten, Narben und Dehnungsstreifen

REGISTER

ÜBER DIE AUTORIN

Danièle Festy war eine renommierte Apothekerin, Bestsellerautorin und Spezialistin für Öle und Probiotika. Sie betrieb 40 Jahre lang ihre eigene Apotheke. All ihre Bücher haben ein einziges Ziel: helfen, heilen und die Lebensqualität verbessern.

BILDNACHWEIS

ShutterStockphoto.Inc 2–3 Patricia Chumillas; 4 P Maxwell Photography; 7 matka_Wariatka; 9 Shablon; 10 Image Point Fr; 11 (von links nach rechts) spline_x, MaraZe, Rtstudio, Nattika, DragonPhotos, saiko3p; 12 spline_x; 13 (Pflanze) Lina Keil; 13 (Flasche) (oxygen_8); 14 saiko3p; 15 (Pflanze) lena_nikolaeva; 15 (Flasche) (oxygen_8); 16 DragonPhotos; 17 (Pflanze) Lina Keil; 17 (Flasche) (oxygen_8); 18 Varts; 19 (Pflanze) aniana; 19 (Flasche) (oxygen_8); 20 Igor Dutina; 21 (Pflanze) Morphart Creation; 21 (Flasche) (oxygen_8); 22 Rtstudio; 23 (Pflanze) umiko; 23 (Flasche) (oxygen_8); 24–25 Shablon; 26–27 Alena Ozerova; 28 Leonid and Anna Dedukh; 29 Comaniciu Dan; 31 Image Point Fr; 33 Vladimir Gjorgiev; 34 onair; 34–35 Sehenswerk; 36–37 Alliance; 38 Stacey Newman; 39 Elle1; 40 Lopolo; 41 kariphoto; 43 Guschenkova; 45 UfaBizPhoto; 46 Mal2TH; 47 Rido; 48 Jacob Lund; 49 Africa Studio; 50 StudioPhotoDFlorez; 51 sukiyaki; 52 FotoDuets; 53 Dmitrii Ivanov; 55 Africa Studio; 56 takayuki; 57 Shablon; 58 Alena Ozerova; 61 nelen; 65 Daniel_Dash; 67 Milan Ilic Photographer; 69 Roman Samborskyi; 70 Nina Buday; 71o P Maxwell Photography; 71u puhhha; 72 B-D-S Piotr Marcinski; 73 rebvt; 74–75 Aleshyn_Andrei; 76 George Rudy; 77t Claudio Divizia; 77b makalex69; 78 Africa Studio; 79, 80 Image Point Fr; 81 VICUSCHKA; 83 Demkat; 84 paulaphoto; 85 Africa Studio; 86 Syda Productions; 87 Image Point Fr; 88 Irina Bg; 89 Layland Masuda; 90 Image Point Fr; 91 Jason Squyres; 92, 94 Image Point Fr; 95 Ljupco Smokovski, 96 Image Point Fr; 98–99 Alena Ozerova; 100 Demkat; 103 Didecs; 104 Yuganov Konstantin; 105 Olga Pink; 106 Demkat; 107 Syda Productions; 109 Shablon; 110 Ira Shpiller; 111 Mona Makela; 112, 114, 115, 116 mtlapcevic; 117 BoBoMuMu; 118 Gyorgy Barna; 120 VICUSCHKA; 121 Susan Schmitz; 122 Gladskikh Tatiana; 123 ANURAK PONGPATIMET 125 Shablon

iStockphoto 63 GlobalStock; 108 bigworld